Auteur prolixe des éditions De Borée, **Marie de Palet** *signe ici son septième roman. Elle connaît une notoriété qui ne cesse de l'enchanter et de l'étonner, puisque cette « célébrité » lui est advenue à l'heure de la retraite, lorsqu'elle a abandonné ses stylos rouges d'institutrice pour sa plume d'écrivain. Lozérienne de racines et de cœur, Marie de Palet met en scène sa province d'origine dans ses livres, mais ce cadre est surtout prétexte à des intrigues dont la trame quasi policière mêlée à une connaissance intime du monde paysan d'autrefois renouvelle le genre des romans dits « du terroir ».*

Retour à la terre

Du même auteur

L'Enfant oublié, collection « Terre de poche », De Borée, 2004.
La Demoiselle, collection « Romans et récits du terroir », De Borée, 2003.
Le Sentier aride, collection « Terre de poche », De Borée, 2002.
La Tondue, collection « Terre de poche », De Borée, 2002.
Les Terres bleues, collection « Romans et récits du terroir », De Borée, 2002.
L'Enfant oublié, collection « Romans et récits du terroir », De Borée, 2001.
La Tondue, collection « Romans et récits du terroir », De Borée, 2000.
Le Sentier aride, collection « Romans et récits du terroir », De Borée, 1999.
Les Moissons amères, Lacour, 1997.

Édition exclusivement réservée aux adhérents du Club
Le Grand Livre du Mois
15 rue des Sablons
75116 Paris

avec l'aimable autorisation des ÉDITIONS GÉRARD TISSERAND - De Borée
Achevé d'imprimer en France en février 2004
Dépôt légal février 2004
ISBN : 2-7028-9189-6

MARIE DE PALET

RETOUR À LA TERRE

LE GRAND LIVRE DU MOIS

À Roger, mon mari,
à Robert, mon cousin, qui furent rappelés.
À Pierre, mon cousin.
À mes amis André P. André M.
Et à tous les anciens d'AFN.

I

Au cinéma

LE SOLEIL TAPAIT FORT EN CE DIMANCHE D'AOÛT et Robert se demandait s'il n'était pas un peu fou de pédaler sur cette route où le goudron, plus épais par endroits, brillait comme de l'eau noire.

Mais pourquoi donc avait-il accepté cette sortie entre copains et décidé d'aller au cinéma !... Il aurait été bien mieux d'aller se promener au bord de l'eau pour taquiner, à la main, les truites moirées qui se cachaient dans les trous profonds de la Nize. Il aurait même pu entraîner, avec lui, une de ces belles filles qui parcouraient des lieues, le dimanche après- midi, pour tuer le temps... Il lui aurait volé un baiser, en tout bien tout honneur, et ç'aurait été, peut-être, le début d'une idylle...

Tout en pédalant de plus en plus fort, car la route, maintenant, ne cessait de monter, il se disait qu'il ne savait même pas quel était le film qu'ils allaient voir. Ce serait, peut-être, un navet et ce serait bien fait pour lui…

Par une si belle après-midi, pendant le temps béni de la sieste, alors qu'il n'était libéré que depuis un mois, quelle mouche avait donc poussé les copains à tant insister pour aller au cinéma ?

Robert se posait toutes ces questions alors qu'ils approchaient de la ville et que la quinzaine de kilomètres qui les avaient fait suer touchaient à leur fin.

Raymond avait tant insisté que tous avaient fini par le suivre, Robert, bon dernier, car le cinéma ne le tentait pas du tout.

Les quatre garçons, avec leurs chemisettes claires et leurs pantalons gris, arrivèrent bien trop tôt. En plus de Raymond, ouvrier menuisier chez le père Gervais, et lui, Robert, travaillant à la ferme de son père, il y avait Louis qu'on appelait familièrement Louisou et Jean, de trois ans plus jeune que Robert.

Rouges comme des pivoines, ils rangèrent leurs vélos derrière la salle de cinéma, essuyèrent leur front trempé de sueur et partirent faire la queue devant la porte encore fermée mais où s'allongeait, déjà, une longue file. Raymond, cependant, hésitait. Les autres le houspillèrent :

« Eh bien, qu'est-ce que tu attends ?

— C'est toi qui as voulu venir… »

Deux files se formaient, une pour chaque salle. *Sur les quais* avec Marlon Brando, dont Robert se rappelait avoir lu une critique dans le journal de son père et *La Fille du vent*.

Robert aurait préféré le premier, mais Jean coupa :

« Oh non, le second a l'air plus marrant, le premier est trop compliqué ! »

Il n'osa protester et, quand ils arrivèrent à l'entrée et s'apprêtèrent à acheter leurs billets, un groupe de quelques filles arriva. Elles étaient hors d'haleine, rouges, échevelées et riaient en se lançant des coups d'œil rigolards.

Elles fixèrent les garçons sans vergogne, riant toujours et, l'une d'elles, ses yeux bleus brillants comme des étoiles, ne quittait pas Raymond du regard. Le garçon rougit comme un collégien et s'approcha tout en lui tendant la main. La fille baissa les paupières et un léger rose monta à ses joues. Ses amies riaient toujours.

« Comme c'est drôle, lança une brunette à l'air déluré, nous aussi, nous avons choisi ce film… On pourrait aller avec vous ! »

Les garçons, ravis, les escortèrent et ils entrèrent ensemble dans la salle. Robert remarqua que

Raymond serrait de près la fille aux yeux bleus et pensa que son ami préférait sûrement un regard de ciel au meilleur des films !

Ils choisirent leurs places. Raymond s'assit près des yeux bleus et Robert trouva un siège près de la brunette à la figure rieuse.

Quand ils furent bien installés, ils s'étudièrent sans en avoir l'air tandis que de derrière le rideau rouge montaient des refrains à la mode. La brunette chantait en suivant la musique ; elle dodelinait la tête de droite à gauche, se levait, se penchait en avant pour interpeller la dernière des filles tout au fond de la rangée. De temps en temps, elle bavardait avec sa voisine de droite, mais ignorait royalement Robert…

Celui-ci entama la conversation :

« Vous vous appelez comment ? Moi, c'est Robert. »

Elle planta ses prunelles dans ses yeux et lui dit en riant :

« Je m'appelle Geneviève, mais tout le monde dit Ginette. On se dit "tu" puisque tu es un copain de Raymond ?

— Tu connais Raymond ?

— Oui. Il est venu, le printemps dernier, travailler au village. On le voyait tous les jours… »

Elle laissa fuser un éclat de rire et, se penchant vers Robert, ajouta :

« Il est mordu pour Josette.

— Ah, c'est pour ça qu'il voulait tant venir ! »

La levée du rideau interrompit cette passionnante conversation et les actualités apparurent sur l'écran : violences en Algérie, grandes manifestations au Maroc contre la France ; puis vinrent des images de la construction de l'aéroport d'Orly et, pour terminer, la caméra entraîna la salle à la suite d'une toute nouvelle vedette à la moue boudeuse, Brigitte Bardot, qui, avec son mari Vadim, jouait à la pétanque quelque part sur une plage…

Enfin, le silence revint. Les lumières illuminèrent la salle et les ouvreuses, boîtes pendues au cou, vinrent présenter caramels et bonbons aux spectateurs.

Robert choisit une boîte de caramels, en offrit un à Ginette et à sa voisine qu'il n'avait pas remarquée jusque-là.

« C'est ma cousine Solange, expliqua Ginette. Elle n'est pas de Badaroux, mais de Nîmes. Elle vient passer les vacances chez notre grand-mère commune… Allez, Solange, ne sois pas si timide ; c'est Robert, il ne te mangera pas ! »

Solange rougit et adressa un sourire à Robert, qui ne distingua que deux grands yeux noirs qui mangeaient une figure allongée et bronzée.

À ce moment, les lumières s'éteignirent et la fille du vent apparut sur l'écran avec une voiture de sport lancée à toute vitesse. Une banale histoire d'amour se déroula servie par des acteurs dont le jeu, même pour un novice comme Robert, n'avait rien d'exceptionnel.

Il regarda pourtant, sans grand intérêt, le démêlé des sentiments en se disant qu'il ne s'était pas trompé et que c'était bien un navet…

Enfin, le mot « fin » apparut sur l'écran et ils se retrouvèrent dans la rue étroite. Les murs réverbéraient encore la chaleur et leur petit groupe hésitait, ne sachant où porter ses pas.

« On pourrait aller boire un coup », proposa Raymond peu soucieux de quitter déjà sa Josette.

La proposition acceptée, ils se dirigèrent vers le premier café qu'ils rencontrèrent. Ils s'assirent sur la terrasse à l'ombre des parasols et demandèrent des boissons fraîches. Les garçons prirent des bières et les filles de la limonade. Ils burent d'abord en silence, puis s'enhardirent à discuter entre voisins Robert se trouva à côté de Solange et apprit qu'elle voulait être infirmière. L'été, elle passait toutes ses vacances chez sa grand-mère, qui l'envoyait garder ses deux vaches. Elle lui expliqua qu'avec Ginette elles étaient toujours ensemble…

Solange voulait tout savoir de Robert et posait sur lui ses yeux de velours noir qui l'émouvaient terriblement. Elle n'était pas timide, comme l'avait dit sa cousine, mais ne parlait pas beaucoup…

Il le comprit tout de suite ; alors que Ginette pérorait sans arrêt, en faisant de grands mouvements, Robert lui raconta qu'il venait d'être démobilisé et qu'il allait travailler avec son père, à la ferme. Il lui fit part de sa décision de tout moderniser. Il voulait acheter un tracteur mais se heurtait à son père, qui se méfiait des « mécaniques » comme il disait et en trouvait le prix beaucoup trop élevé.

Solange hochait la tête en disant qu'elle le comprenait. Alors, il se surprit à lui parler de son régiment qu'il venait de finir et des trois mois qu'il avait passés en Algérie, à Ouenza, sur la frontière tunisienne, à surveiller des mines de fer pour éviter les sabotages… Il s'étonna même en s'entendant parler de la peur qui le tenaillait sans cesse et l'empêchait de dormir, la nuit… Peur d'être attaqué par surprise ; peur que la sentinelle ne s'endorme ; peur des villageois apparemment paisibles qui cultivaient leurs champs de manière presque semblable à son père mais avec des ânes à la place de bœufs. Il raconta raconta longtemps…

Solange l'écoutait visiblement fascinée et, quand les autres se levèrent avec de grands éclats de rire, ils sortirent, tous deux, de leur isolement. Robert, alors, s'étonna d'avoir raconté à cette quasi-inconnue ce qu'il n'avait jamais dit à personne, même pas à ses parents, depuis son retour. Solange, les joues rouges de plaisir, songeait que ce grand garçon qui s'amusait à faire le dur et le blasé était un tendre qui s'ignorait, et elle rêvait qu'elle aurait bien voulu discuter avec lui toute l'après-midi…

Mais le soleil, déjà, allongeait les ombres ; les filles dirent qu'elles devaient rentrer et les deux groupes se séparèrent. Raymond et Josette s'en allèrent se faire leurs adieux loin des yeux des copains et Robert serra un peu plus longtemps qu'il n'aurait dû la main fine de Solange tout en plantant dans les yeux noirs un regard plein de promesses.

II

Rappelé

ROBERT SE RETOURNA. Il contempla les sillons bien droits, la terre luisante arrondie par le versoir de la charrue ; il était content de lui…

Quelle merveille que ce tracteur ! Jamais il ne s'en lasserait ! Il fouilla ses poches, merde, il avait oublié d'acheter des cigarettes ! Il sortit son briquet et l'alluma deux ou trois fois en fixant la petite flamme jaune. Il se retourna encore et contempla son tracteur. Quelle belle mécanique tout de même !

Il soupira d'aise. Dire qu'il lui avait fallu faire du chantage pour l'avoir ! Son père n'était pas du tout d'accord. Les quelques économies qu'il avait réussi à faire, il les gardait pour assurer sa vieillesse, disait-il ; et la mère ajoutait qu'elle voulait moderniser la maison avant d'acheter du matériel…

Alors, il avait pesé de tout son poids dans la décision, leur disant qu'il abandonnerait la ferme s'ils ne voulaient pas la moderniser. Il rentrait de l'armée qui, après l'avoir promené quinze mois en Alsace puis en Allemagne, l'avait envoyé, pendant trois longs mois, surveiller les mines de fer d'Ouenza. Un séjour dont il ne gardait que de mauvais souvenirs : un piton sec et nu, un douar, quelques paysans déguenillés et eux, les soldats, au milieu de tout cela, à rôtir pendant le jour et à tuer le temps en faisant la chasse aux scorpions !

Oui, l'armée était finie et bien finie, et il ne le regrettait pas. Cette guerre d'Algérie prenait de l'ampleur et on disait même que le service militaire allait être porté de dix-huit à vingt-quatre mois à cause de ce sale conflit. Un maintien de l'ordre où l'on devait attendre qu'on vous tire dessus pour vous défendre. Une guerre de peurs, d'embuscades, de guérillas qui épuisait ceux qui étaient obligés de la faire… Bon, il ne fallait plus y penser. Tout de même, cette guerre avait eu quelque chose de bon, il avait été considéré presque comme un héros !

Il avait été un des rares à être envoyé là-bas et, pour son père qui avait goûté à la Grande Guerre avant d'être mobilisé en 39-45, il était devenu un homme !

Il en avait profité et expliqué calmement que, pour lui, rester à la ferme ne voulait pas dire vivre comme avaient vécu ses parents. Il avait plein de projets pour devenir un paysan moderne, le premier étant l'achat d'un tracteur. Le père avait soupiré, parlé du manque d'argent, des études de Jeannine, sa sœur, qui allait entrer à l'École normale. La mère avait fait remarquer que la municipalité faisait des travaux d'adduction d'eau dans le village et que, quand elle aurait l'eau au robinet, elle avait envisagé l'achat d'une machine à laver et que, si l'on parlait de tracteur, elle pourrait encore aller longtemps au lavoir…

Robert avait rétorqué que le Crédit Agricole était là pour leur prêter la somme. D'ailleurs, reprit-il très vite, ce n'était pas eux qui allaient emprunter, mais lui même, Robert Baudouin. Son père n'avait qu'à se porter garant, lui, s'engageait à travailler et à travailler pour rembourser…

Après maintes discussions, il avait fini par avoir gain de cause. Son petit frère Gabriel, qu'on appelait familièrement Gaby, à son grand étonnement, l'avait soutenu.

Gaby ne s'intéressait pas du tout à la ferme ; il ne rêvait que de motos, de voitures et de moteurs.

Quand il avait une minute, il ne songeait qu'à démonter et remonter tout ce qui lui tombait sous la main. Du plus loin qu'il s'en souvienne, Robert l'avait toujours vu occupé à ouvrir quelque chose pour fouiller à l'intérieur.

Il avait commencé par la montre que sa marraine, la tante Jeanne, lui avait offert à sa communion. Il l'avait ouverte, en avait sorti le mécanisme, puis l'avait remontée ; mais, à son grand étonnement, il avait eu une pièce en trop. Robert en avait ri à s'en décrocher la mâchoire. Mais — ô miracle ! — la montre avait marché tout de même…

« Heureusement, avait soupiré Gaby, car si le père s'en était aperçu, j'aurai passé un mauvais quart d'heure ! »

Et Robert ne pouvait pas lui donner tort.

Bref, Gaby, du haut de ses quatorze ans, avait dit qu'il comprenait son frère et qu'il ne fallait pas compter sur lui pour succéder au père. Lui, quand il aurait passé le certificat, il voulait entrer dans un garage comme mécanicien. Il savait même chez qui il irait. Il s'était lié d'amitié avec un Italien qui tenait une petite boutique grande comme un mouchoir de poche.

Tous les murs étaient des étagères où s'entassaient des outils et des objets dans un désordre que seul Gino savait gérer…

Ses mains, toujours noires de cambouis, s'occupaient des motos qu'on lui apportait comme le chirurgiens le faisait d'un malade. Il les touchait, les palpait, puis les opérait et les rendait à leur propriétaire en bon état de marche avec force recommandations.

Quand il se trouvait en ville, Gaby passait toutes ses heures chez Gino. Il le regardait, lui tendait ses outils, cherchait les pièces qui manquaient tout en se faisant houspiller par le vieux quand il n'allait pas assez vite ou qu'il se trompait :

« Je té dit qué c'était à gauché, pas à droite, à gauché ! Je té demandé la pince pas le marteau ! »

Et Gaby se pliait aux ordres sans rechigner comme il le faisait avec son père. Là, seulement, il se sentait heureux, si heureux…

Gino lui avait promis de le prendre comme apprenti quand il sortirait de l'école et le garçon y croyait ferme.

« Je commencerai avec lui, confiait-il à Robert, et puis j'aurai mon garage, ma voiture et je réparerai celles des autres. »

Robert ne disait rien, il savait que Gaby en était capable.

En tout cas, le soutien de son frère avait bien aidé Robert. Le père avait haussé les épaules et avait dit sans se compromettre :

« Je verrai… »

Le samedi, il était parti à Mende voir vendeurs et banquier ; à son retour, il avait dit à Robert :

« On l'achètera ton tracteur… Bien sûr, c'est pas donné, mais le Crédit Agricole nous prêtera à un taux raisonnable. Il faudra y faire, mais on y arrivera… »

Robert avait souri. Le plus dur était fait : d'abord le tracteur ; le reste suivrait…

Il songeait déjà à une remorque, un roto, peut-être même, pourquoi pas ? une moissonneuse-batteuse…

Il soupira. Il était encore à rêver comme disait sa mère.

Il allait reprendre son travail quand il vit un groupe qui s'avançait vers lui. La voiture bleue des gendarmes était arrêtée plus bas, au bord du chemin ; tout à ses pensées, il ne l'avait pas entendue arriver. Deux gendarmes s'approchaient, il descendit du tracteur et les attendit d'un pied ferme. Que pouvaient-ils bien lui vouloir ? Il était en règle. Il chercha dans sa mémoire, mais il n'avait aucun souvenir d'une quelconque infraction. « Bon, se dit-il, on verra bien. »

Il chercha une cigarette et se rappela qu'il les avait oubliées !

En attendant, les gendarmes étaient arrivés. Ils lui firent face et dirent :

« C'est vous Robert Baudouin ?

— Oui. Qu'y a-t-il ?

— En application du décret de loi votée par l'Assemblée nationale, le 22 avril 1954, vous êtes rappelé sous les drapeaux pour une durée de six mois... Voilà votre feuille de route.

— Quoi ?

— Oui. Le service militaire ayant été porté à deux ans, vous devez accomplir les six mois manquants.

— Mais ce n'est pas possible ! J'ai terminé. On m'a renvoyé, il y a dix mois, avec une permission libérable ! »

Les gendarmes haussèrent les épaules. Ils le comprenaient mais n'y pouvaient rien. L'un d'eux tourna autour du tracteur, posa la main sur le capot et dit :

« Sacré belle mécanique, ça doit faire du bon travail, ça !... »

Robert se retourna et montra le labour luisant et droit qu'il avait fait toute l'après-midi et soupira :

« Ben oui, je viens de l'acheter et si je pars, qui voulez-vous qui le conduise ?... Mon père, ça ne l'intéresse pas ; et mon frère est à l'école... »

Les gendarmes ne répondirent pas et se dirigèrent à grands pas vers leur voiture laissant Robert inquiet et bouleversé en même temps que montait dans son cœur une rage dont il n'était pas maître.

Il ramassa un bout de bois qui traînait par là et le coupa en deux en criant :

« Putain de putain de merde, c'est pas possible ! »

Il eut envie de donner un coup de pied à son beau tracteur qui le narguait avec ses chromes brillants. Il se retint, serra les poings et songea à se coucher sur le champ pour pleurer tout son soûl comme quand il avait dix ans…

Mais il n'en fit rien. Il remonta lentement sur le tracteur et reprit le chemin du village sans terminer son labour. Sur le parcours, il marmonna pour lui tout seul : « C'est pas la peine que je travaille ; qu'ils le finissent s'ils veulent ; moi, je ne fais plus rien… »

III

L’Algérie

ROBERT TITUBA COMME UN HOMME IVRE quand il s’engagea sur le pont de planche qui reliait le bateau à la terre. La lumière éclatante lui fit fermer les yeux et, quand il les rouvrit, la blancheur de la ville le surprit et l’éblouit. « Bon Dieu, pensa-t-il, que c’est beau ! »

Près de lui, les autres s’arrêtaient aussi.

Le soleil levant inondait la ville blanche, les maisons blanches, la plage blanche et le bateau blanc où le nom « VILLE D’ALGER » se détachait en lettres d’or.

Tout n’était que chatoiement et lumière, tout semblait joyeux et gai. « Et pourtant, pensait Robert, on vient pour une guerre ! »

« Putain, que c'est beau ! », cria quelqu'un.

Personne ou presque ne releva la tête. Chargés de leur paquetage, le regard rivé au sol, la démarche titubante, les soldats avançaient poussés par des gradés qui avaient hâte de sortir du ventre du bateau.

Robert aussi se réjouissait d'être enfin à l'air libre, loin de cette cale malodorante où les vomissures sentaient l'aigre ; loin de cette couchette où le moindre mouvement lui soulevait le cœur ; loin enfin de cette inhumaine prison où l'on n'entendait que des hoquets, des jurons, des sanglots ou des vociférations…

La traversée durait vingt-quatre heures, mais Robert, qui avait perdu la notion du temps, se demandait s'il n'avait pas passé plusieurs jours, dans ce bateau, l'estomac révulsé et la peur au fond du ventre…

La mer, où il porta les yeux, avait une couleur bleu-blanc et le forçait à baisser les paupières. Elle bougeait à peine et il avait du mal à croire qu'elle eût pu produire des vagues aussi profondes que des cathédrales où s'enfonçait le bateau. Pourtant, Robert s'efforçait de ne pas penser à cette terrible nuit, car il sentait revenir les nausées…

Ils avaient fini de débarquer et se dirigeaient maintenant vers de gros GMC garés sur une route qui bordait la côte et surveillés par des soldats armés de mitraillettes. Ils s'entassèrent sur les camions qui partirent dans un bruit de ferraille. La route ou plutôt la piste quitta rapidement la ville et s'enfonça dans des paysages brûlés de soleil où apparaissait, de temps à autre, un village blanc. On n'y distinguait nulle vie.

Des fermes abandonnées montraient leurs murs calcinés au détour des sentiers, dans des vallées traversées parmi des champs plantés d'oliviers et d'orangers. Quelques voitures ou des tracteurs achevaient de rouiller dans des ravins ou au bord de la piste. Personne ne semblait emprunter cette voie, et les soldats avaient l'impression de traverser un pays fantôme.

Pourtant les GMC encadrés de Jeep avançaient lentement, précédés de soldats armés et prêts à tirer sur tout ce qui paraîtrait suspect.

Les camions bringuebalaient sur les ornières ou les trous de la piste jetant, à chaque cahot, les hommes les uns sur les autres. Malgré la fatigue, conscients d'un danger inconnu, personne n'osait somnoler. La peur tenait éveillé et le voyage durait durait…

Enfin, après plusieurs heures de montée vers des hauteurs qui, Robert le pensait, devaient appartenir à la chaîne des Atlas, les camions débouchèrent sur les rebords d'un plateau où un camp de fortune dominait un douar, sorte de village aux maisons de terre qui émergeaient à peine du sol. et qui s'accrochait au versant de la colline comme un hanneton sur une branche.

« C'est ici qu'on vient bronzer », cria une voix.

Personne ne releva la plaisanterie, et tous sautèrent des camions et se dirigèrent vers ces casernes sommaires. Ils entrèrent dans les baraquements qui sentaient la sueur, l'urine et la poudre. Il fallut faire les lits et les soldats s'interrogèrent pour savoir si l'adjudant viendrait les contrôler pour voir s'ils étaient parfaitement au carré comme ils y avaient été habitués en France, mais ils ne virent personne…

« Ici, ils vont nous foutre la paix, prédit quelqu'un.

— Tu parles ! Ils ne nous foutent pas la paix, mais la guerre ! », rétorqua un autre.

La plupart s'allongèrent sur le lit et attendirent la suite avec philosophie.

Robert quitta le baraquement et se dirigea vers la cour, où une sentinelle montait la garde. Il s'accouda à un pan de mur qui plongeait vers le village en contrebas et observa les maisons basses, sans fenêtres, posées sur les bords d'une rue écrasée de soleil.

Rien ne bougeait, seul, un chien aboyait lugubrement. Il se retourna et se trouva nez à nez avec

Joseph Dubuc qu'il avait rencontré dans le train entre Nîmes et Marseille.

« Quel pays, murmura le garçon, dire qu'on avait fini et qu'ils nous ont rappelés ! Foutu Guy Mollet, il aurait bien pu faire sans nous ! »

Robert haussa les épaules. La politique ne l'intéressait pas ; ce qui le contrariait le plus, c'était d'avoir été obligé d'abandonner sa terre alors que tout marchait si bien et que son père avait fini par acheter le tracteur dont il rêvait. Il ne répondit pas et l'autre, prenant son silence pour une approbation, continua :

« Pute de vie ! Quand je pense que j'ai dû laisser Thérèse toute seule, j'en suis malade... Tu crois qu'elle va m'attendre ? »

Maintenant, beaucoup de garçons étaient descendus ; la cour grouillait de soldats errant au hasard et attendant l'appel qui allait leur apprendre les détails de leur nouvelle vie. Un bruit de ferraille fit se retourner toutes les têtes : des camions rentraient des opérations qui avaient duré cinq jours.

Sales, mal rasés, traînant les jambes, les nouveaux arrivés ne leur lancèrent qu'un coup d'œil indifférent. Plusieurs, cependant, leur crièrent en riant :

« Tiens, v'là les bleus, c'est la relève...

— Pas si bleus que ça, riposta quelqu'un, on a déjà tiré dix-huit mois !

— Ah ! c'est les rappelés. »

Ils s'éloignèrent et entrèrent dans un autre bâtiment. La cour retrouva son calme.

Robert, ne sachant que faire, rentra dans le bâtiment et tira de son sac papier à lettres et enveloppes pour envoyer sa première lettre de rappelé. Il commença : « Chers parents… Le voyage s'est bien passé… » Puis il resta, le stylo en l'air, incapable d'écrire autre chose.

« Il te faut leur raconter, pensa-t-il, comment s'est passé le voyage, ce que tu fais, où tu es, ce que tu as vu… »

Mais rien ne venait ; son esprit restait vide. Il ne savait comment exprimer ce qu'il ressentait. La vie qu'il devrait vivre, ici, pendant six mois ou plus lui apparaissait comme une parenthèse. C'était un autre qui agissait en son nom et lui le regardait comme à travers un miroir. Il allait et venait, son corps était présent, mais son esprit refusait d'habiter dans cette caserne de fortune où il avait atterri. Rien à voir avec l'année de régiment qu'il avait effectuée en Allemagne, où il s'intéressait à tout ; et même les trois derniers mois qu'il avait passés à Ouenza. Il avait l'impression qu'on l'avait projeté de force dans un monde qui lui était totalement étranger, qui n'avait rien de commun avec lui et qui ne l'intéressait pas…

Il reposa son stylo, se coucha sur le lit et ferma les yeux. Il revit l'aube claire des matins de Lozère quand l'alouette montait vers le ciel en poussant ses tirelis… Il revit ses labours humides, luisants sous le soleil, il revit la fontaine de pierre, où l'eau coulait si lentement qu'il y avait toujours quelqu'un qui faisait la queue sous son auvent, il revit… Il revit sa vie insouciante en se disant qu'elle s'achèverait peut-être ici, dans ce pays hostile comme avait fini celle de son oncle Pierre du côté de Verdun…

Des larmes lui montèrent aux yeux. Il essaya de les retenir de toutes ses forces, mais elles roulèrent lentement et tombèrent sur ses bras qu'il avait croisés derrière la tête.

Il sentit alors une main qui le secouait :

« Tu rêves ? Allez, viens à la soupe. »

Sans songer à essuyer ses joues, il regarda celui qui venait de parler.

C'était un blondinet qui paraissait à peine sorti de l'enfance. D'une taille bien en dessous de la moyenne, il souriait de toutes ses dents blanches tout en gardant, au fond de ses yeux bleus, une expression de tristesse qui intrigua Robert.

Robert se souleva et, appuyé sur un bras, regarda le garçon comme une apparition.

« Allez, reprit celui-ci, il vaut mieux bouger.

— Qui es-tu ?

— Je m'appelle Marc et j'arrive de Nîmes. Et toi, d'où es-tu ?

— Je viens de Lozère. Du Valdonnez.

— Connais pas. »

Robert haussa les épaules, se leva tout à fait et suivit Marc. Il avait bien une tête de plus que lui et pourtant il n'était pas très grand, à peine un mètre soixante-quinze. Ils parvinrent à l'endroit où des soldats allaient et venaient, charriant les plats dans des grosses gamelles pour huit. Beaucoup étaient déjà attablés et ils se faufilèrent dans un coin.

Marc n'était pas bavard ; Robert non plus. Ils laissèrent passer de longues minutes avant d'engager la conversation. Ce fut Robert qui, ayant surmonté son moment de cafard, lui dit en souriant :

« On m'avait toujours dit que les gens du Midi avaient le teint foncé et les yeux noirs. À te voir je t'aurais plutôt cru d'une région du Nord…

— Et pourtant je suis cent pour cent du Midi. Ma famille est installée dans un village des environs d'Alès, Saint-Christol, depuis des générations. Ce sont des vignerons de père en fils.

— Moi aussi je suis paysan. »

Marc hésita. :

« Mes parents sont viticulteurs. Mon frère aîné travaille à la vigne avec mon père. Moi, je suis à Nîmes.

— Tu fais quoi ?

— Mon père a voulu que je fasse du droit. Ça ne m'a pas intéressé, alors, au bout d'un an, j'ai tout abandonné. Je ne te dis pas le savon qu'il m'a passé… Il m'a obligé à travailler pour lui sans me donner un sou, donc j'ai refusé le sursis auquel j'avais droit et j'ai fait l'armée. Au retour, j'ai trouvé une place dans une banque. Je venais de commencer quand on m'a rappelé… »

Il continua avec une colère sourde :

« Et je te jure que ça ne m'enchante pas de venir faire le mariole ici, alors que je venais de trouver un emploi intéressant. »

Robert ferma les yeux et revit les gendarmes le jour où ils étaient venus le chercher dans le champ. Il hocha la tête ; il comprenait, ah, il le comprenait bien !

Une envie de partir, de quitter cette caserne et ce pays le prit. Il crut qu'il allait bondir sur la route, mais il se retint et serra les poings que les jointures en claquèrent. Marc le regarda et posa sa main sur son bras en lui disant :

« T'en fais pas, on n'a que six mois à tirer. Après on retrouvera le pays ! »

IV

Dans le camp

LE TEMPS PASSA. Robert et Marc devinrent inséparables. Quelque temps après leur arrivée, les opérations de maintien de l'ordre commencèrent.

Des rations au fond de la musette, des balles dans les fusils mais avec interdiction de tirer…

« Il faut attendre qu'on nous canarde pour tirer, je te demande un peu, maugréait Robert, pour un peu, il nous faudra réagir que quand on sera morts ! »

Une fois, deux fois, ils partirent pour rentrer deux jours ou une semaine plus tard.

Le soleil dardait ses rayons de feu qui grillaient la campagne et les tenait enfermés dans leurs tentes, couchés sur des lits de camp à fumer cigarette sur cigarette.

« Putain, jurait Robert, il y a du travail à la pelle chez moi et je suis là, vautré comme un veau, à faire du lard !

— Tu sers la France, plaisantait Marc, tu es un bon citoyen.

— M'en fous… Mes blés pourrissent et moi, je suis ici ! »

De rage, il saisissait son stylo, sortait du papier à lettres et noircissait des pages et des pages.

Il avait commencé à écrire à ses parents, à ses oncles, tantes et grands-mères, puis à sa sœur en pension à Mende. Il avait écrit aux copains et à toutes les filles de son village et même de la commune. Tous lui répondaient, cartes et lettres s'entassaient. Il relisait les plus intéressantes et en faisait profiter les copains quand les nouvelles qu'elles apportaient étaient agréables.

Il réfléchissait à qui il pourrait encore envoyer du courrier, quand il pensa à Ginette, rencontrée au cinéma, et à sa cousine Solange. Il demanda donc à Raymond de lui procurer leur adresse et celui-ci s'exécuta.

Il envoya à l'une et à l'autre une banale carte postale avec, sur celle de Ginette, un beau coucher de soleil sur la mer, et sur celle de Solange, un charmeur de serpents.

Presque en même temps, il reçut la réponse avec des représentations de la cathédrale de Mende et des arènes de Nîmes.

Ces cartes étaient passées de main en main, ravivant la nostalgie de ceux qui connaissaient ces monuments et même de ceux pour qui ils étaient étrangers.

Ginette avait arrêté là sa correspondance, mais Solange avait ensuite envoyé une longue lettre où elle lui décrivait par le menu sa vie à l'école d'infirmières, les fêtes de sa ville, ses séjours chez ses grands parents, pimentant le tout d'un humour bien particulier tout en se moquant d'elle-même.

Elle avait un style très direct, simple et primesautier, ce qu'il n'aurait jamais deviné en la voyant. Il n'avait gardé d'elle que le souvenir de deux yeux noirs qui le fixaient tandis qu'il débitait une longue conversation qu'elle avait écoutée sans l'interrompre. Il l'avait crue timide et polie, et voilà qu'elle se révélait d'une étonnante variété.

Agréablement surpris, il continua cette correspondance qu'il avait commencée pour passer le temps, y prenant de plus en plus du plaisir et se surprenant à attendre le vaguemestre le jour — le jeudi — où arrivaient les lettres avec le tampon de Nîmes…

Marc n'avait pas tardé à remarquer l'empressement avec lequel Robert écartait les enveloppes à bordure tricolore pour en sélectionner une seule reconnaissable à sa petite écriture ronde qui semblait vouloir se faire oublier.

« Dis donc, tu ne nous la fais pas lire cette lettre ! lui dit-il, un jour, en plaisantant.

— Je pourrais, répliqua son ami, il n'y a rien de compromettant. Tiens, lui dit-il, lorsqu'il l'eut parcourue, tu peux lire. »

Marc se mit à rire :

« Dieu m'en garde ! Je ne veux pas entrer dans des échanges amoureux ! »

Robert le fixa un instant, puis insista :

« Lis, je te dis, ensuite nous en discuterons. »

Le jeune homme, fort surpris, se laissa emporter par la curiosité et lut la lettre comme le lui disait son ami. Quand il eut terminé, il la rendit à Robert sans un mot. Celui-ci lui dit en souriant :

« Et alors ? Qu'est-ce que je te disais, c'est tout, sauf une lettre d'amour. »

Marc ne répondit pas.

« Eh bien, tu ne dis rien ?

— Je ne sais pas comment tu le vois, mais cette lettre, pour moi, c'est une lettre d'amour !

— Tu es fou !... Il n'y a pas un mot sur ses sentiments.

— Justement. Elle n'en dit pas un mot, mais ils y sont. On les sent. Elle ne t'écrirait pas comme ça si elle ne tenait pas à toi. »

Robert réfléchit et relut la lettre. Non, décidément, Marc se trompait ; cette lettre était une lettre d'amitié, pas une lettre d'amour. Il n'y avait rien mais rien qui pût en faire douter un seul instant. À peine un « je t'embrasse » glissé comme par mégarde juste avant la signature échevelée.

Le soir, dans son lit, sous la tente, en se tournant et se retournant, Robert se demandait si Marc avait raison, s'il ne comprenait pas le message de Solange ou si son ami rêvait pas de paroles tendres et la moindre lettre d'une fille lui paraissait lettre d'amour…

Il essaya de se rappeler la sage et timide fille qu'il n'avait vue qu'une fois dans la pénombre de la salle de cinéma et à qui il avait raconté, à la terrasse d'un café, ses rêves de jeune agriculteur et ses histoires de régiment qu'il croyait définitivement derrière lui.

Mais l'armée l'avait rappelé et, maintenant, Solange lui écrivait comme à un vieil ami, c'était quand même bizarre.

Pour lui, cette correspondance n'était qu'un jeu, une façon de passer agréablement le temps, il ne faudrait pas que cette fille s'imagine autre chose.

Il n'était pas prêt pour le mariage, il voulait profiter de sa jeunesse et moderniser sa ferme avant d'y amener la femme qu'il aurait choisie et qui ne serait pas nécessairement Solange.

Il fallait qu'il cesse pour que cette fille ne s'amourache pas de lui ; oui, mais alors, il fallait renoncer à ces lettres si vivantes et si distrayantes ! « Bof, pensa-t-il en se retournant encore une fois, je vais continuer, on verra bien quand je rentrerai. Je lui ferai comprendre que tout est terminé, et elle n'y pensera plus. »

Sans aucun remords, il s'endormit profondément.

Le temps s'étirait de plus en plus lentement et l'inaction forcée dans ce camp de fortune rendait les hommes nerveux. Ils s'amusaient souvent avec les gamins du village qui montaient rôder autour des soldats quêtant un reste de nourriture, quelques bonbons ou, peut-être, de la compagnie.

Les hommes discutaient avec eux. Au début, Robert les considérait avec un peu de méfiance, puis, peu à peu, il en prit un en amitié.

Il s'appelait Ahmed et le suivait partout. Pourtant, Robert n'était pas très bavard et ne lui faisait pas de cadeaux spéciaux, se bornant à lui donner des restes de nourriture et, parfois, une friandise qu'il avait trouvée ou que sa mère lui envoyait. Ahmed le récompensait en lui apportant divers trésors : une pierre blanche, quelques figues écrasées qu'il sortait de sa poche et qu'il présentait en offrande dans ses mains crasseuses.

« Tiens, ton protégé qui s'amène, lui disaient les autres, fais gaffe que son père ne soit pas un fell qui te descende au bord de la route ! »

Robert haussait les épaules ; qu'importe, il s'occupait du gamin en pensant à son village.

Ahmed lui rappelait l'enfant qu'il avait été et qui jouait, en 40, avec les soldats de la drôle de guerre qui avaient campé dans une vieille grange, à la ferme, quand son père était mobilisé.

Il avait, lui aussi, sympathisé avec un grand gaillard qu'il appelait Papillon, il ne savait pourquoi…

Le petit Ahmed faisait remonter ces souvenirs des jours heureux..

V

L'accrochage

LE RONRONNEMENT DU CAMION TROUBLAIT LE SILENCE. Par groupes de dix, les soldats montaient dans les engins et étaient largués de part et d'autre d'une colline en formation de combat. Ils devaient se retrouver en haut et en déloger des fellagas qui étaient censés se cacher parmi les villageois, dans ces pauvres gourbis sans fenêtres qui leur tenaient lieu de maison.

« Vlan ! », la portière s'ouvrit. Marc et Robert descendirent ensemble. À peine avaient-ils touché le sol que le camion tourna et se gara sur la piste en attendant leur retour.

Un peu assommés, les soldats se relevèrent et se tâtèrent pour voir s'ils n'avaient pas de bleus. De cahot en ornière, sur les banquettes dures des camions, ils avaient l'impression d'être meurtris et moulus.

Mais non. Pour cette fois, ils en étaient quittes pour quelques bleus qui apparaîtraient dans les jours suivants. Juste relevés, le chef, impatient de partir, commençait à grimper vers ce village inondé de soleil qui somnolait dans un calme trompeur.

On fouilla toutes les maisons. Rien.

« Soyez sur vos gardes, il y a sûrement des fellagas, il y en a toujours par ici. »

Bravement, la petite troupe progressa tout en se méfiant à droite comme à gauche.

Voici donc ce douar aux ruelles étroites ou inexistantes, ses poules en liberté, ses ânes au regard doux et ses chiens aboyant. Oui, des animaux il y en avait, mais pas âme qui vive…

« Pardi, lança quelqu'un, ils sont tous avec les fells ! »

D'un coup de pied, le chef ouvrit une porte. Des femmes se terraient au fond de la pièce sombre. Un vieillard édenté, à la barbe blanche, invectiva les soldats en baragouinant un français incompréhensible ; seul le mot « bandits ! » ressortait clairement.

Sans se préoccuper de lui, le gourbi fut fouillé méthodiquement, sans succès.

Après cette metcha, on passa à la suivante et l'on continua. Le soleil montait dans le ciel et la soif s'empara de Robert.

« Quelle chaleur, fit-il en se tournant vers Marc qui, au lieu de lui répondre, pivota sur lui-même tandis qu'une tache rouge s'étalait sur son épaule devant Robert, médusé.

— Couchez-vous, nom de Dieu ! », hurle le sergent.

Robert tomba poussé par un camarade et resta plaqué au sol tandis qu'au-dessus de sa tête se croisaient des tirs de fusil.

Il ne comprit pas, à ce moment-là, qu'il venait de recevoir le baptême du feu et ne pouvait détacher ses yeux de la tache écarlate qui, sur l'épaule de son ami, s'étalait, s'étalait…

De courtes rafales partaient d'une maison, en haut du douar, un peu en retrait des autres. Les soldats ripostaient comme ils le pouvaient tandis que le sergent criait :

« Le bazooka ? Qui a le bazooka ?… »

Personne ne répondit. Le bazooka n'avait pas été emporté. Il fallait pourtant venir à bout de cet îlot de fells. À moitié cachés derrière les maisons, les soldats avançaient en rampant, mais Robert resta près de Marc, qui gémissait et perdait son sang. Il tiraillait pourtant avec rage en pensant à son copain.

Des grenades lancées à la porte avaient transformé la maison en brasier et cinq hommes en sortirent les mains sur la tête.

« Attention, les gars, c'est peut-être, un piège... Attendez ! »

Effectivement, l'un des soldats qui se levait fut immédiatement fauché par une rafale. Des coups de fusil partirent et l'un des fellagas tomba.

« Ne les tuez pas ; il faut les faire parler... »

D'autres grenades lancées sur la maison contraignirent trois autres combattants à sortir.

Cette fois, la cabane brûlait totalement.

Les soldats s'approchèrent et capturèrent les sept hommes encore vivants. Ils furent désarmés, menottés et couchés dans un coin. Alors, on releva les blessés et les morts.

Robert se précipita vers Marc, qui suait à grosses gouttes et semblait souffrir énormément.

« Marc, Marc, tu m'entends ? »

Le garçon ouvrit les yeux et des larmes coulèrent sur ses joues.

En entendant la fusillade, d'autres compagnies arrivaient. Des brancardiers sautèrent d'un hélicoptère et se précipitèrent vers les blessés. Un médecin examina l'épaule de Marc.

« Ce n'est rien, dans quelques jours, il n'y paraîtra plus.

— C'est grave, demanda Robert en aparté au médecin ?…

— Mais non, les trois autres sont bien plus touchés ! Le sergent est dans le coma et il y a trois morts… »

Maintenant que le danger était passé, Robert tremblait de tous ses membres. Il n'en revenait pas d'être encore vivant. Si un soldat ne l'avait pas jeté à terre, il aurait été descendu comme une quille. Il s'en voulait de n'avoir pas compris et de ne s'être pas tenu sur ses gardes. Il s'était comporté comme s'il partait en promenade. Peut-être, même, est-ce à cause de lui que Marc…

« Allez, en route, on n'a pas fini ; il faut terminer de fouiller ce putain de village ; allez, debout ! »

Sous la conduite d'un nouveau sergent, ils se dirigèrent tous vers les maisons restantes, mais Robert resta près de son ami. Quand bien même il l'aurait voulu, il n'aurait pas pu se lever. Ses jambes flageolaient, et il sentit, tout à coup, des gouttes de sueur couler sur son front et sa tête lui parut lourde lourde…

« Allez, en voilà un qui tombe dans les pommes. Regardez s'il est blessé… »

Robert revint à lui, se demandant ce qui lui était arrivé.

« Ma parole ! Une vraie gonzesse, se moquèrent les autres.

— Et Marc ? demanda-t-il anxieusement.

— Marc ?

— Il est mort ?

— Mais non, il a morflé à une épaule, dans quelques jours, il va revenir. »

Sur le chemin du retour, on parla beaucoup du lieutenant qui était mort. Tous reconnurent en lui un chic type ; chacun y alla de sa tirade et on en revint à ces fells « qu'il aurait fallu descendre comme ils ont descendu les nôtres », disaient plusieurs voix en colère.

Robert ne disait rien. Pelotonné au fond du camion, le fusil entre les jambes, il fixait le sol, étranger aux imprécations. Il pensait à Marc et se disait que ce pourrait être lui en route pour l'hôpital.

Une peur insidieuse le faisait trembler et lui donnait la chair de poule. Il n'osait bouger la tête, persuadé que le camion allait être attaqué et que, cette fois, il n'y aurait pas de survivants.

Pendant les jours qui suivirent, Robert essaya, sans succès à avoir des nouvelles de Marc. Personne ne savait rien.

Les jours passèrent. L'automne succéda à l'été, mais Marc ne revint pas.

Le camp paraissait bien vide à Robert et même les lettres de Solange, qu'il lisait autrefois avec tant de plaisir, lui semblaient devenues fades et sans intérêt.

Un soir de novembre, alors que les hommes respiraient un peu après quelques jours d'opérations, un camion poussif arriva chargé de « bleus » qui venaient remplacer les premiers rappelés après presque un an de présence.

Robert regardait les nouveaux venus s'engager, en file indienne, pour franchir la porte. Il cherchait à reconnaître un visage connu, mais les rares garçons qu'il connût ne lui apportèrent jamais des nouvelles.

Peu avant sa libération, il reçut une carte postale de Marseille avec quelques mots de Marc lui disant qu'il était soigné dans un hôpital militaire et qu'il pensait bientôt rentrer chez lui.

Et la vie reprit son cours monotone. Un vent aigre et froid balayait les Atlas et engourdissait les soldats qui rêvaient tous au retour dans leur foyer.

VI

À Marseille

ROBERT AVAIT ÉTÉ RAPPELÉ POUR SIX MOIS, mais, finalement, il ne fut libéré que neuf mois plus tard et débarqua à Marseille, un matin du début décembre.

Un vent fou avait secoué le bateau tout le temps de la traversée et quand, hébété, il posa les pieds sur le sol de la mère patrie, il faillit tomber à la mer tant le mistral était furieux.

Le ciel, aussi bleu qu'à Alger, semblait lui sourire, mais le vent le transperçait et lui coupait la respiration. N'importe, il était libre et prêt à mordre à pleines dents dans la vie qui lui souriait .

Une fois les papiers signés, redevenu un civil anonyme, il quitta les copains avec des au revoir qui avaient des parfums d'adieu.

À la sortie du port, un soldat appuyé sur une canne semblait attendre. Quand Robert s'engagea sur le quai, il sentit une main se poser sur son épaule. Il se retourna vivement et se trouva nez à nez avec Marc.

« Marc, Marc, comment vas-tu ?

Il se jeta dans les bras de son ami et ils s'embrassèrent aussi émus l'un que l'autre de se retrouver.

— Et alors, cette épaule ? interrogea Robert. »

Marc sourit :

« Ça va, ça va, mais elle est un peu raide. Il paraît qu'elle le restera toujours. Et puis il y avait autre chose. J'avais aussi une blessure à la jambe. On ne l'avait pas vue, tout d'abord, et c'est elle qui m'a fait le plus souffrir. Il a fallu ouvrir et consolider la jambe avec une tige de fer.

— Tu as été soigné ici ?

— Oui. Et très bien soigné.

— Pourquoi tu ne m'as pas écrit ?

— C'est le bras droit, je ne pouvais m'en servir ! »

Robert et Marc partirent à travers cette ville de Marseille qu'ils ne connaissaient ni l'un ni l'autre. Leur but était d'aller à la gare et de rejoindre au plus vite leur maison ; mais, sans dire un mot, d'un commun accord, ils longèrent le port, vaguement intéressés par le va-et-vient incessant des passants, le mouvement des bateaux, les étals des poissonnières et la gouaille toute méridionale des habitués qui s'interpellaient à tous les coins de rue.

Ils ne parlaient pas. Chacun suivait le cours de ses pensées. Robert n'arrivait pas à se débarrasser d'un sentiment d'insécurité qui ne l'avait plus quitté depuis le premier accrochage, où il avait failli perdre la vie. Il se disait qu'en France il ne risquait plus rien ; rien n'y faisait… Il lui semblait toujours entendre siffler les balles autour de ses oreilles. Il se tourna vers Marc et l'interrogea :

« Tu crois qu'on arrivera à oublier, un jour ou l'autre ? »

L'autre haussa les épaules :

« Peut-être que toi, tu y arriveras ; moi, ma jambe se rappellera toujours à mon bon souvenir ! »

Il tapa sur sa cuisse et ajouta :

« Déjà que j'étais de petite taille, cette blessure m'a achevé. »

Robert se voulut rassurant :

« Ta blessure est encore fraîche, dans quelques années, il n'y paraîtra plus. »

Marc ne répondit pas. Ils marchèrent longtemps en silence, puis Marc s'arrêta et, se tournant vers Robert, il lui demanda :

« Tu as envie de rentrer chez toi ? »

Robert hésita. Le doute qu'exprimait Marc par cette simple phrase le bouleversa. Ainsi, donc, il n'était pas le seul à hésiter à reprendre une vie normale : Marc aussi ressentait les mêmes appréhensions…

« Heu ! finit-il par répondre, heu, non ! »

Voilà, c'était dit : le travail qui l'attendait à la ferme, le tracteur tout neuf qu'il avait tant désiré, la surveillance de son père et même la tendresse de sa mère, tout cela lui apparaissait comme un fardeau qu'il devrait supporter à longueur de vie… Et cette vie, aujourd'hui, lui répugnait !

Il ne se comprenait plus lui-même : pourquoi ne voulait-il plus aller là-haut, alors qu'il avait été si heureux après son régiment de réintégrer son foyer ? Avait-il changé à ce point ?

Était-il devenu un monstre pour vouloir fuir les siens ?

Il se posait ces questions, mais ne se hasardait pas à y répondre.

Marc s'arrêta, le regarda dans les yeux et, posant sa main sur son bras, proposa :

« Demain, nous verrons plus clair. Ce soir, profitons de la vie !

— Et notre billet ?

— Il sera encore valable. Et s'il ne l'est pas, nous payerons ! Allez, viens. »

Il l'entraîna vers une large avenue animée comme pour une fête et ils se mêlèrent à la foule qui déambulait.

Ils s'aperçurent alors qu'ils remontaient la Cannebière. Ils s'arrêtèrent à un café et commandèrent une bière. Ils la burent en regardant le va-et-vient continuel qui semblait s'amplifier à mesure que la soirée s'avançait.

Après la première, d'autres bières suivirent, et la parole leur devenant plus facile alors que leurs idées s'embrumaient, ils engagèrent la conversation avec des habitués du bar qui, comme eux, avalaient verre sur verre.

C'étaient, disaient-ils, d'authentiques Marseillais et ils les convièrent à boire du pastis, comme eux. Robert n'avait jamais bu autre chose que de la bière et du vin, mais cette mixture au goût d'anis lui plut tout de suite. Chacun y alla de sa tournée et les langues devinrent pâteuses.

Robert et Marc, affalés sur le comptoir, écoutaient les Marseillais raconter des blagues salaces et riaient à gorge déployée.

Tout à coup, Robert, lançant un coup d'œil vers la porte, aperçut quelques jeunes Marocains qui entraient dans le bar. Se croyant en danger, il bondit dans leur direction, les poings en avant, prêt à en découdre et à vendre chèrement sa peau !

Il heurta une chaise au passage et s'étala de tout son long, en plein milieu du bar, non sans avoir réussi à projeter son poing à la tête d'un des arrivants.

Les autres réagirent rapidement et le rouèrent de coups. Le patron et les serveurs accoururent et le tirèrent de ce mauvais pas en l'expédiant vers l'arrière du bar. Quelqu'un cria : « Il faut appeler la police ! » tandis que les Marocains, distribuant quelques coups de poings, sortaient dignement.

Tout se calma très vite. Robert et Marc se retrouvèrent à l'arrière du café. Une femme posait des compresses fraîches sur le nez de Robert, qui prenait une belle teinte violacée.

« Mais qu'est-ce qui vous a pris, dit la femme, ils ne vous demandaient rien ! »

Robert, l'esprit encore enfumé, lui répondit :

« J'ai cru voir des fellagas ! »

Quand le sang fut arrêté, le patron leur dit d'un ton irrité :

« Je ne veux pas de scandales. Ne sortez pas. Ils risquent de vous attendre dehors. Filez par-derrière. Il y a une rue calme. Vous n'avez qu'à sauter le mur et vous serez dans une petite rue. Je vous conseille de ne pas vous y éterniser. »

Il les poussa dans un réduit, ouvrit une porte et les poussa sans ménagement dans une cour minuscule.

Hébétés, ils s'assirent sur un tas de vieilles planches. La nuit était, maintenant, totale. Peu à peu, cependant, ils distinguèrent le mur qui les séparait de la rue et qui leur parut d'une grandeur démesurée.

« Je ne pourrai jamais le sauter avec ma patte folle ! gémit Marc.

— T'en fais pas, je t'aiderai », répondit Robert.

Mais leurs yeux se fermaient malgré eux. Ils s'allongèrent à même le sol et, quelques minutes après, ils dormaient à poings fermés.

La fraîcheur de la nuit les réveilla sur le petit matin. Un moment, ils se demandèrent où ils se trouvaient. Puis la mémoire leur revint en même temps qu'un solide mal de tête.

Le jour n'était pas encore paru et le cadran de leur montre indiquait six heures.

Marc se leva le premier et examina le mur.

« Je crois qu'on y arrivera sans peine, il n'est pas très haut et il y a des prises. Hier, je le voyais haut comme une montagne !

— Hier, on n'avait pas les idées bien claires ! »

Ils s'avancèrent. Une vague rumeur comme une houle qui ne s'arrêtait jamais montait de la ville, mais la musique et les cris s'étaient tus.

Ils escaladèrent, sans trop de peine le muret et se retrouvèrent dans une ruelle absolument déserte. Sans demander leurs restes, ils se dirigèrent vers la gare. Des gens plus ou moins louches stationnaient sur les escaliers qu'ils montèrent sans s'arrêter. Le froid matinal, un arrière-goût au fond de la gorge et leurs vêtements froissés leur donnaient l'air de deux clochards.

Ils s'engouffrèrent dans la salle d'attente et se dirigèrent vers un panneau d'affichage. Par chance, un train partait dans une demi-heure. Ils rejoignirent leur quai d'embarquement et se mêlèrent à la foule qui attendait.

Robert avait mal à la tête et, quand il posait la main sur son nez, la douleur irradiait comme une décharge électrique. Il se tourna vers Marc :

« Mon nez ? Ça se voit ?

— Tu as un léger bleu, mais si on ne le sait pas, on le voit à peine… »

Cela le rassura un peu et fit rire son ami :

« Tu as peur de ne pas être assez beau pour la rencontrer ?

— Rencontrer qui ?

— Mais Solange, bien sûr ! Tu m'as dit que tu voulais t'arrêter à Nîmes. Je croyais que c'était pour la voir !

— Bof ! j'en ai rien à foutre de cette fille, moi, je ne la connais pas.

— Comme tu y vas ! Tu étais bien content de recevoir ses lettres, là-bas ! »

Robert haussa les épaules et l'arrivée du train le dispensa de répondre.

Ils grimpèrent en troisième classe et s'installèrent face à face près de la fenêtre.

« Alors, reprit Marc, tu ne veux pas la revoir ?

— C'est pas que je ne veuille pas la revoir, mais ça m'ennuie... Pour te dire la vérité, je ne me rappelle même plus comment elle est !

— Moi, j'aimerais bien la connaître !

— Mais tu en pinces pour elle ! »

Marc ne répondit pas et le train s'ébranla vers leur village.

VII

Chez Marc

LA MATINÉE SE TERMINAIT quand les deux voyageurs arrivèrent à Nîmes.

« Tu veux aller la voir ? insista Marc.

— Mais qu'est-ce que je vais lui dire ?

— Alors, viens chez moi passer quelques jours. Il n'y a rien de bien pressé, mon frère nous promènera, tu verras le pays. »

Robert se laissa convaincre ; et, en début d'après-midi, le train les emporta jusqu'à Alès. Marc partit à pied sur la route en disant :

« Nous trouverons bien une occasion pour rentrer, tu verras. »

Effectivement, quelques minutes plus tard, une vieille camionnette s'arrêta devant eux et une voix forte s'écria :

« Mais c'est ce bon vieux Marc ! Qu'est-ce que tu fabriques sur la route ?

— Francis !... Ben, tu vois, je rentre.

— Montez, fit le dénommé Francis en jetant un regard à Robert. Comme ça, tu as fini.

— Eh oui... Je reviens avec une patte folle. »

Francis haussa les épaules ne sachant comment manifester sa compassion. Serrés l'un près de l'autre, les trois hommes reprirent la route.

Robert comprit que Marc et Francis étaient amis d'enfance et que ce dernier cultivait des légumes dans la prairie, bande de terrain fertile vouée à l'hortillonnage.

Il fit part à Marc des dernières nouvelles concernant la région ; depuis les mineurs de Rochebelle, qui se battaient pour conserver leur mine, le vin pour qui cette année n'avait pas été un bon cru, les jeunes qui prenaient tous le chemin de l'Algérie... Il parla des filles qui s'étaient mariées, de celles et de ceux qui étaient partis...

Bref, quand ils arrivèrent au mas, Marc était au courant de la vie du pays comme s'il n'en était jamais parti.

Au mas, la mère de Marc y alla de sa petite larme quand elle serra son enfant dans ses bras et, surtout, quand elle s'aperçut qu'il boitait.

« Comme ils t'ont arrangé !... C'est pas possible ! »

Elle voulait tout savoir : comment cela était arrivé, s'il avait eu mal, comment il avait été soigné... Elle parlait de prendre rendez-vous avec un professeur dont elle avait entendu parler pour faire cesser cette claudication qui la désolait.

Marc écoutait sans pouvoir placer une parole et Robert, dont personne ne s'occupait, se tassait dans son coin, serrant sa valise contre lui.

Quand la mère eut épuisé toutes ses lamentations, elle se tourna vers Robert comme pour s'excuser, mais son regard revenait sans cesse vers son enfant. Elle allait reprendre une autre tirade quand Marc l'arrêta d'un geste. Il lui présenta Robert et s'étonna de ne voir ni son père ni son frère.

« Si tu avais annoncé ton arrivée, ils ne seraient pas partis. Ils sont allés à Nîmes à une réunion. Tu sais que le vin ne se vend pas bien. Ils discutent pour avoir de meilleurs prix et une meilleure vente. »

Robert la contemplait. C'était une petite femme vive, aux cheveux blancs et à l'allure encore jeune. Un large tablier lui descendait jusqu'à mi-mollet, cachant une blouse qui avait dû connaître des jours meilleurs.

Elle jeta un regard en coin à Robert et il fut frappé de la ressemblance entre le fils et la mère.

« D'où êtes-vous ? lui demanda-t-elle.

— De la Lozère.

— Ah, un gabache ! », répliqua-t-elle en riant.

Et elle repartit vers sa cuisine laissant les deux garçons face à face.

Marc conduisit Robert dans sa chambre. Il ouvrit la fenêtre et contempla le paysage sans dire un mot. Robert le suivit et s'emplit les yeux d'une étendue de vignes qui couvraient de leur fourrure rousse toute la plaine. Pourtant, çà et là, des haies de chênes verts et de buissons essayaient de s'accaparer le terrain et de couper cette morosité.

Des oliviers, au feuillage plus clair, poussaient un peu partout, des pêchers et des abricotiers s'alignaient au milieu des vignes.

Le village s'étalait de l'autre côté de la route. On apercevait l'enceinte d'un château, le clocher de l'église et des maisons disséminées çà et là, entrecoupées de vignes. Quelques prairies, peu de champs et des chemins de terre qui serpentaient en haut, en bas, à gauche, à droite, se rencontraient, se perdaient et ressortaient un peu plus loin.

Tout en bas, la cour où trônait un puits de pierre semblait n'avoir jamais changé depuis des siècles. Une charrette était abandonnée dans un coin et d'étranges outils, que Robert ne connaissait pas, occupaient tout un hangar ouvert à tous vents.

« Voilà, c'est ma maison, commença Marc d'une voix grave. J'y ai passé mon enfance, mais, chaque fois que je le pouvais, je partais chez ma grand-mère qui habitait à deux kilomètres.

— Pourquoi ? Tu n'étais pas bien, ici ?

— Ce n'est pas ça, mais je n'aime pas la vigne ni les chevaux. Pour mon père, je suis un anormal et il me le faisait sentir. L'odeur des chevaux me soulevait le cœur ; les vendanges m'ennuyaient. Alors, je me faisais traiter de faignant… Bref, je prenais mon vélo et je partais au risque de recevoir une raclée à mon retour. »

Il hésita, puis ajouta en haussant les épaules :

« En plus, mon frère est le digne fils de mon père il ne rêve que de vins d'appellations contrôlées, de rendement. Il sera le successeur de la lignée de vignerons de la famille dont je n'ai rien à foutre ! »

Lui aussi me faisait la morale, alors, ce n'était pas toujours le beau fixe entre nous.

Je vais rester quelques jours. Je ne peux pas faire autrement, puis j'irai voir ma banque et je partirai.

« Tu n'aurais pas dû m'emmener.

— Pourquoi ? Avec mon frère, à part la vigne, on s'entend comme larrons en foire. Quand il aura le temps, il nous amènera à Nîmes, question de vérifier si les arènes sont toujours à la même place ! »

Il éclata d'un rire clair qui enchanta Robert. « En voilà un, pensa-t-il, qui était content de retrouver son pays ! » Lui, il s'étonnait toujours de n'avoir aucune envie de revoir ses terres et son tracteur qui, naguère, avaient été toute sa vie.

« Putain de guerre, pensa-t-il, comment suis-je devenu ! »

Ils sortirent. Marc se dirigea vers une sorte de garage, où plusieurs bicyclettes attendaient sagement posées contre le mur.

« Tu vois, ici, expliqua-t-il à Robert, tout le monde roule à vélo. Les femme vont faire les courses ou amener les gosses à l'école ; les hommes vont à la vigne, au jardin ou à la mine toujours à vélo. Si ma patte folle me le permet, on va aller faire un tour et tu verras tout le monde qu'on croisera. »

Effectivement, quelques minutes plus tard, ils pédalaient sur les chemins de terre qui bordaient le mas.

Un vent froid leur rappelait qu'il régnait en maître et que les haies profondes qui découpaient le paysage n'étaient là que pour lui servir de barrière. Cela le rendait fou et il hurlait de plus belle, balayant tout sur son passage.

Robert s'étonnait d'un vent si violent et, à la première halte, il questionna Marc :

« Ce n'est pas la vallée du Rhône, ici, et ce vent, c'est le mistral ?

— Je n'en sais rien. Mais ce que je sais, c'est qu'il y a toujours du vent par ici. On fait avec, voilà tout », fit-il en haussant les épaules.

Ils se trouvaient dans un océan de vignes. En face, une montagne où la roche nue formait des dentelles de pierre retint l'attention de Robert.

« Là-bas, c'est Anduze, fit Marc en lui désignant la montagne. Après Alès, c'est la grande ville du coin. On y va quelquefois en balade. Ici, ce village, c'est Bagard.

— Comment ça va le vélo et ta jambe ?

— Pas trop mal. »

Ils retournèrent lentement au mas, où la mère de Marc s'affairait autour des fourneaux.

Comme l'avait prédit son ami, ils croisèrent beaucoup de bicyclettes souvent équipées d'une petite nacelle où prenaient place des enfants.

« Tu as vu, insista Marc, ici, le vélo est roi. »

Deux jours passèrent comme un rêve. Robert fit la connaissance du père de Marc et de son frère Georges, un garçon beaucoup plus grand que Marc qui portait beau et qui le savait. D'emblée, il lui déplut. Il se vantait de ses bonnes fortunes et de ses récompenses sportives dans les compétitions cyclistes du coin, de son vin le meilleur de la région et pour lequel il tentait d'obtenir une appellation AOC.

Son père l'admirait et le soutenait en toute chose, ajoutant, de temps en temps, un détail pittoresque dans le récit de son aîné. Quant à la mère, elle n'avait guère la parole dans cet univers de mâles.

Au sein de cette famille, Marc ressemblait au vilain petit canard. Robert avait même remarqué les regards de commisération que le père et le frère avaient jetés sur la jambe de Marc. Georges avait fait remarquer à mi-voix : « Voilà qui n'arrangera pas tes affaires, mon pauvre vieux ! »

Robert eut envie de riposter que Marc était une victime tout comme tous les soldats, mais le frère ajouta à très haute voix :

« Heureusement qu'à la banque ça ne les contrariera pas que tu boites. Si ç'avait été à la vigne… »

Il n'acheva pas sa phrase. Après quelques minutes d'un silence gêné, Marc haussa les épaules et dit pour changer de sujet :

« Dimanche, on pourrait aller à Nîmes pour montrer la ville à Robert.

— Eh oui, pourquoi pas ? On fera une balade comme au bon vieux temps. On prendra la traction et on fera découvrir à ton gabache ce que c'est qu'une belle ville. »

Comme prévu, le dimanche suivant, ils partirent tous trois vers Nîmes. Georges s'installa au volant et, malgré les protestations de Robert, le fit asseoir près de lui. Marc se plaça à l'arrière et ils prirent la route.

Georges sifflotait. Marc nommait les villages traversés et donnait maintes explications sur les cultures, l'architecture ou l'histoire du pays.

La distance parut courte au jeune homme, et il fut étonné quand, après la traversée d'une banlieue aux rues étroites, ils débouchèrent sur la place des Arènes et se garèrent face à un café.

Le soleil était de la partie. Les deux frères rivalisèrent de gentillesse pour lui faire faire le tour des monuments de la ville romaine.

Robert tremblait que Marc ne parle d'aller retrouver Solange, mais il n'en pipa mot et, quand ils rentrèrent dans la nuit de décembre, les trois garçons étaient tellement fatigués qu'ils en oublièrent de discuter ou de chanter.

Le soir, dans la petite chambre de Marc où un matelas avait été mis pour le gabache, comme l'appelait affectueusement Georges, Robert ne put s'empêcher de demander à son ami :

« Je me suis étonné que tu ne veuilles pas me faire rencontrer Solange. »

Marc tarda à répondre. Enfin, il lâcha comme à contrecœur :

« J'y ai pensé, mais il y avait mon frère… Je n'avais pas envie qu'il fasse le beau devant elle et qu'il te la prenne. »

Robert n'osa pas répondre qu'il s'en fichait bien et que Solange n'était rien pour lui, mais il pensa qu'en parlant ainsi il allait blesser Marc : alors, il ne répondit pas et sombra dans le sommeil.

VIII

Le retour

LE CAR BRINGUEBALAIT et gémissait prêt à rendre l'âme. Robert, appuyé au dossier fatigué, regardait le paysage défiler sous ses yeux. Il se revoyait partant d'Alès accompagné par les deux frères.

« Tu reviendras, dis, tu reviendras ? ne faisaient que répéter Marc et Georges, qui s'était attaché à ce drôle de gabache comme il l'appelait et qui renchérissait :

— Tu vois, mon frère est à deux doigts de pleurer et à moi aussi, ça me fait de la peine que tu partes : alors, tu reviendras ! »

Robert n'avait pas répondu. Lui aussi était ému. Il avait passé quelques jours agréables dans cette famille, et il aurait bien voulu les inviter chez lui et les recevoir comme il avait été reçu dans leur mas, mais il se demandait comment son père aurait pris cette intrusion chez lui.

Non pas qu'il n'aimât pas la compagnie, mais il était le maître et exigeait que tout passe par lui. Il avait une sainte horreur d'être mis devant le fait accompli.

Robert se rappelait encore le vélo d'occasion que sa mère avait rapporté le soir de son douzième anniversaire. Elle l'avait eu, disait-elle, pour une bouchée de pain chez des touristes qui voulaient s'en débarrasser. Le père n'avait eu qu'un regard de mépris pour la bicyclette et avait jeté avec irritation :

« On n'est pas si misérables pour ne pas pouvoir lui acheter un vélo neuf… Mais puisque tu crois que c'est bon, il fera avec celui-là. Si vous en savez plus que moi…

— Mais tu n'avais jamais parlé d'en acheter un ! se défendit la mère.

— C'est bon, c'est bon, il fera avec celui-là. »

Robert n'avait même pas été déçu. Il savait que son père n'avait aucune intention de lui acheter un vélo, il était bien trop près de ses sous. Il l'aurait peut-être fait si cela l'avait fait remarquer comme ç'avait été le cas pour le tracteur.

Il sourit en se rappelant que le père avait fait la tête une bonne semaine et puis tout était rentré dans l'ordre. Au souvenir de cet épisode, Robert ne voulait amener personne chez lui avant d'avoir l'approbation de son père.

Il grimpa donc dans le car le cœur gros, se persuadant que, dans quelques jours, il écrirait à Marc pour l'inviter, car il savait aussi son père très pointilleux sur l'hospitalité.

Il y avait déjà une heure que le car avait quitté les bords du Gardon pour longer les terrils noirs de La Grand-Combe, où tout baignait dans le noir. Les puits, les montagnes, la rivière, les arbres même, tout était noir ! « Je ne voudrais pas habiter là », se disait Robert en jetant un regard dégoûté à toute cette noirceur.

Maintenant, ils roulaient vers Jalcreste et la nuit le disputait au jour. Le car, bondé au départ d'Alès, avait peu à peu semé ses clients au fil des arrêts.

La nuit amplifiait les bruits. Les phares des voitures apparaissaient et disparaissaient comme par magie.

D'énormes rochers avaient été entaillés pour laisser passer la route et, comme des géants, ces blocs de pierre faisaient une sorte de rempart où le Klaxon du car résonnait lugubrement ; l'écho, comme par jeu, renvoyait le son et le prolongeait longtemps.

Le clair de lune jetait sur ce paysage tout en montagnes déchiquetées une pâleur diaphane qui nimbait de mystère ces pentes abruptes.

Quelquefois, le squelette d'un château, surplombant la vallée, ou les ruines d'une église ou d'un temple aux vitraux glauques apparaissaient au détour d'un virage.

La nudité du paysage, le froid qui commençait à engourdir et le ronronnement incessant du car oppressaient Robert. Il se sentait seul et perdu dans la nuit au milieu d'une nature hostile, et la terreur des embuscades lui revenait en mémoire.

Il avait beau se raisonner, se dire qu'il ne risquait plus rien, il sentait son cœur battre plus fort et ses cheveux se hérisser sur sa tête.

Il essaya de penser à autre chose et voulut se rappeler le visage de Solange. Solange qui, selon Marc, était amoureuse de lui. Il revit seulement sa silhouette, son visage demeura dans l'ombre. Il se tourna alors vers sa cousine Ginette, celle qui parlait à tort et à travers, elle n'était pas non plus au rendez-vous.

Il songea à évoquer les filles de son village, celles qu'il avait rencontrées aux fêtes, mais ne put s'en rappeler aucune.

Alors, il pensa à son tracteur avec son siège qui sentaient le neuf, ses charrues toutes luisantes et sa belle couleur bleue… Lui, il le revoyait, mais son cœur ne bondissait plus dans sa poitrine comme le jour où il l'avait contemplé pour la première fois…

« Décidément, se dit-il, j'ai vraiment changé, je ne sais pas ce que je vais devenir ! »

« Florac, un quart d'heure d'arrêt ! » cria le chauffeur aux trois passagers restants.

« Enfin, pensa Robert, je vais pouvoir fumer une cigarette. » Il descendit dans la rue étroite et savoura sa cigarette. Les deux autres recroquevillés à leur place semblaient dormir. Il erra quelques instants dans la rue vide. La nuit était fraîche et, finalement, ne sachant que faire, il remonta dans le car.

Le quart d'heure passa, mais le chauffeur ne reparaissait pas. Le temps s'avançait quand un homme entre deux âges, la sacoche en bandoulière, s'installa au volant et reprit la route. Comme Robert était le plus proche, il l'interpella :

« Tu reviens d'Algérie ? »

Le garçon opina.

« Tu es de par ici ?

— Oui, de Venède.

— Dis donc, ce n'est pas sur la route, tu vas devoir faire du trajet à pied. »

Robert haussa les épaules :

« Je sais.

— Tu reviens d'Algérie, reprit l'homme, qu'est-ce qui se passe là-bas ? »

Comme Robert ne savait que répondre, l'autre s'emporta :

« Mais qu'est-ce que vous allez tous foutre là-bas ? Défendre les colons ? Ils n'avaient qu'à traiter un peu mieux les Arabes, tout cela ne serait pas arrivé. »

Devant le silence du garçon, il se calma et reprit plus doucement :

« N'empêche que tous les jeunes y partent. Quand est-ce que ça finira ? C'est pas avec ce gouvernement pourri qu'on y arrivera ; faudrait que ça change ! »

Le silence s'installa tandis que le car, de virage en virage, parvenait au col de Montmirat, puis s'engageait dans la descente vers la vallée.

À Rouffiac, Robert saisit sa valise et se fondit dans la nuit, heureux d'échapper à l'ambiance du car et à la curiosité du chauffeur.

Un calme impressionnant régnait sur la campagne. Le froid piquait un peu, mais il s'était attendu à pire pour un mois de décembre. Dans le village de Saint-Bauzile, tout en hauteur, les lumières blafardes étaient entourées d'un halo de brume qui les rendait presque irréelles.

Il aperçut enfin son village, qui se tapissait dans le fond d'un coteau. Toutes les cheminées fumaient et Robert revit les veillées autour de la cuisinière. Sa mère tricotait sous la lampe, son père feuilletait le journal, sa sœur était plongée dans un roman, son frère dans un engin à démonter…

Arrivé à la cour, le chien se mit à aboyer mais se calma vite en le reconnaissant.

Quand il ouvrit la porte, il éclata de rire devant l'ahurissement qui se peignit sur les visages des gens présents. La grande cuisine campagnarde était remplie de joueurs de cartes qui ne l'avaient pas reconnu.

Les voisins étaient descendus du haut du village et plusieurs joueurs se serraient autour de la table.

Comme Robert avait laissé pousser la barbe, personne ne l'avait reconnu, tout d'abord. Ce fut Jeanne, une voisine, qui, la première, s'écria :

« Mais c'est Robert ! »

Sa mère s'élança :

« Ce n'est pas possible !... »

Elle courut vers lui et le serra dans ses bras tandis que les autres s'approchaient.

On entoura Robert, on le fit parler de cette guerre qui déroutait la plupart des gens. Les questions sans réponses fusaient de tous les côtés :

« Mais qu'est-ce que c'est que ça, disait le père avec colère, pas de batailles, quelques coups de fusil à la sauvette, des soldats qui ne doivent pas tirer ? Ce n'est pas une guerre, ça ! Où est passé le temps de Verdun et du Chemin des Dames ? Ça, c'était une guerre et une vraie !

— N'empêche que tous les jeunes y partent. Ils font leurs classes et, trois mois après, ils vont là-bas !

— Peut-être, mais ce n'est pas une vraie guerre. On ne parle que d'embuscades, d'accrochages, de guérilas, pas de batailles ! »

Les avis divergeaient et la discussion continua. Robert se taisait. Malgré les nombreuses questions et la curiosité des voisins, il ne voulait pas évoquer l'accrochage qui l'avait meurtri ni les copains allongés dans la poussière du douar, surtout devant son père qui avait l'air de croire que cette guerre n'était qu'une guerre d'opérette.

S'il en parlait un jour, ce serait avec ceux qui auraient vécu une situation semblable et qui pourraient le comprendre.

Il éluda les questions, grignota quelques châtaignes grillées tout en sirotant un verre de vin et prétexta la fatigue pour se retirer dans sa chambre où, malgré l'épaisseur du plancher et des murs, il entendait le brouhaha des conversations en appelant le sommeil qui tardait à venir.

IX

Solange

APPAREMMENT, RIEN N'AVAIT CHANGÉ. Robert reprit sa place à la maison, alors que Jeannine regagnait l'École normale et que Gaby, son certificat en poche, entrait enfin en apprentissage.

L'hiver engourdissait le pays et la monotonie des jours pesait sur les épaules. Les chemins du village étaient bouleversés, car l'eau potable arrivait dans la commune. De grandes tranchées s'ouvraient en leur milieu, ne laissant qu'un sentier sur les bords et des ponts de planches branlants pour circuler plus aisément.

Il fallait charrier l'eau pour les animaux, et ce n'était pas une mince affaire. La fontaine, toujours capricieuse, s'obstinait à ne débiter qu'un mince filet d'eau ; l'attente devant la margelle s'allongeait, s'allongeait... Les langues allaient bon train et les potins de la commune avec la guerre étaient les thèmes qui revenaient souvent dans les conversations.

Au cours de ces stations, Robert apprit ainsi que tous ses copains d'un ou deux ans plus jeunes que lui se trouvaient en Algérie.

S'il avait été considéré comme un héros à son retour du service militaire parce qu'il avait passé trois mois à la frontière tunisienne, il n'était maintenant qu'un soldat comme les autres car tous, à de rares exceptions près, étaient envoyés en Afrique française du Nord — c'est ainsi qu'on appelait l'Algérie — pour des opérations de maintien de l'ordre.

Robert avait retrouvé avec plaisir ses copains, Raymond, Louisou et Roger, qui, avec un ou deux ans de plus que lui, avaient échappé à cette guerre qui se disait pacification. Raymond voyait toujours Josette, et des idées de mariage étaient dans l'air. Quant à Louisou et Roger, l'un paysan comme lui, l'autre qui apprenait le métier de plâtrier chez un artisan de Balsièges, ils se laissaient vivre et ne pensaient qu'à passer leur jeunesse, disaient-ils souvent.

Ils se rencontraient tous, le soir, chez l'un ou chez l'autre. Quelquefois, ils partaient à vélo veiller chez Amandine, une veuve pourvue de trois filles aussi belles que délurées. Autour de la table, on discutait, on riait et on jouait aux cartes. Chacun apportait une bouteille de vin blanc, quelques gâteaux secs, et la soirée se déroulait calmement, troublée de temps en temps par un cri faussement apeuré d'une des donzelles qui, toutes, attendaient en secret le prince charmant.

Quand la grande horloge égrenait les douze coups de minuit, chacun se hâtait vers le vélo et rentrait furtivement dans sa chambre pour dormir quelques heures en attendant le réveil du matin.

Autrefois, Robert avait adoré ces veillées hivernales, de même qu'il avait parcouru le pays masqué, au temps du carnaval ; mais, depuis son retour, il se laissait entraîner par les copains qui se rendaient à ces rencontres sans vraiment en retirer le plaisir qu'il y prenait avant.

« Mon vieux, tu es revenu, n'y pense plus », lui disaient les autres.

Mais il y pensait toujours.

Quand il avait raconté à la maison qu'il avait séjourné chez Marc, son père avait tout de suite proposé :

« Il faudrait lui rendre la politesse. Invite-le. Tu aurais même dû le faire avant de partir de chez lui, ç'aurait été mieux ! »

Robert avait donc écrit à Marc de monter quelques jours au moment des fêtes de fin d'année.

Marc, bien que repris à la banque, ne commençait que le 8 janvier ; il décida donc de passer ces quelques jours de vacances avec Robert. Il monta tout de suite après Noël et se prépara à passer le premier de l'an en Lozère.

Il arriva la veille du jour de l'an, alors que de minuscules flocons se balançaient sous un ciel gris et que le mercure du thermomètre n'arrivait pas à s'approcher du zéro.

« Brr, quel froid ! gémit-il en posant le pied au sol.

— Tu sais, murmura Robert, tu seras déçu. Pour le 1er janvier, on ne fait rien d'extraordinaire. Avec les copains, on va attendre l'année nouvelle chez Amandine. C'est une veuve qui attire la jeunesse du pays. Elle a trois filles à marier et elle aussi, peut-être ! Alors, on s'y retrouve pour passer la soirée et boire un coup à leur santé et c'est tout… Pour moi, ça suffit, je n'ai pas envie d'autre chose.

— Ça sera aussi bon pour moi.

— Moi, je n'ai envie de rien, pas même de m'amuser ou de travailler…

— Ni de revoir Solange ?

— Oh ! je t'en prie, laisse-la celle-là. Pourquoi es-tu toujours à me parler d'elle ? Ce n'est pas moi qui en suis amoureux, c'est toi ! »

Marc sourit mais ne répondit pas.

Le soir du 1er janvier, Robert et Marc rencontrèrent Raymond, qui n'était pas allé chez Amandine, car il avait été invité, pour la première fois, chez les parents de Josette.

« Bonne année lui ! souhaita Robert en lui serrant la main. J'espère qu'avant le 31 décembre, tu nous payeras des dragées. »

Raymond sourit et, fixant Robert dans les yeux, lui répondit d'un air malicieux :

« Toi, dit-il, tu as le bonjour de Solange.

— Ah !

— Oui. Elle m'a parlé de toi et m'a raconté votre correspondance ; alors, arrête de te moquer de moi, je vois que tu suis mon exemple ! »

Le lendemain étant un dimanche, Raymond invita les deux copains à le suivre :

« Allez, ne faites pas les timides, je vous emmène quelque part. Je crois que vous en mourez d'envie. »

Robert haussa les épaules, mais Marc répondit :

« On viendra. Depuis que j'ai envie de connaître cette fille ! »

Robert ne demanda même pas de qui il s'agissait ; il savait que tous désiraient qu'il renoue avec Solange et il ne comprenait pas pourquoi.

Le temps était froid. Les trois garçons pédalaient fermement. Marc avait emprunté le vélo de

Jeannine et sa jambe, peu habituée aux côtes rudes de Lozère, se rappelait à sa façon à son bon souvenir.

Il dut faire une halte, et Robert le taquina :

« C'est toi qui as voulu. Je sais bien que tu es amoureux de cette fille sans la connaître, mais tu apprendras que l'amour ce n'est pas de tout repos.

— Que tu es bête ! C'est toi l'amoureux ; pas moi.

— On parie ?

— On verra, on verra », répliqua Marc en se frottant la jambe.

Malgré le froid, un groupe de filles les attendait dans une grande boucle que la route dessinait juste à l'entrée du village. Elles étaient sept ou huit, toutes plus emmitouflées les unes que les autres à sauter sur place pour se réchauffer.

Tout d'abord, Robert crut que Solange n'était pas parmi elles, mais il la découvrit bien qu'elle fût cachée par la volubile Ginette, qui racontait avec force gestes ses débuts de serveuse à l'hôtel de Paris, à Mende.

Quand elle aperçut Robert, Solange rougit fortement et s'avança vers lui. Il lui serra la main et, tout de suite, lui présenta Marc en disant :

« Mon copain Marc. Tu sais, c'est un héros ; il a été blessé dans un accrochage et a bien failli y rester. »

Marc rougit à son tour et se tourna vers la jeune fille :

« Ne l'écoutez pas, Solange, il ne vous dit pas, lui, que vos lettres l'ont aidé à tenir le coup ! »

Solange sourit et la conversation devint générale. La soirée passa rapidement et, quand Robert et Marc se retrouvèrent seuls dans la chambre, Marc éclata :

« Mais enfin, Robert, il a fallu que ce soit moi qui la remercie pour les lettres qu'elle t'a envoyées ! C'est un comble ! Tu aurais pu le faire toi-même.

— J'avais pas à la remercier. Je ne lui ai jamais demandé de me les écrire ces lettres ! Elle n'avait qu'à pas le faire !

— Mais tu étais bien content de les lire.

— Toi aussi tu les lisais. Tu pouvais la remercier autant que moi.

— Mais elles ne m'étaient pas adressées !

— La belle affaire ! Tu les lisais quand même.

— Parce que tu me les passais !

— Hypocrite ! Tu aurais dû lui dire que c'était à toi qu'elles plaisaient le plus !

— Écoute, Robert, cette fille t'aime. C'est visible comme le nez au milieu de la figure. Quand elle t'a aperçu, elle a changé de couleur. Elle était toute émue. Je la regardais, j'ai cru qu'elle allait tomber… »

Robert s'assit sur son lit et, regardant Marc droit dans les yeux, lui répondit en martelant les mots :

« Marc, combien de fois faudra-t-il que je te dise que cette fille me laisse indifférent ? On s'est écrits, c'est bien ; c'était agréable ; mais maintenant, c'est terminé. Je dis bien terminé. Je ne veux pas la revoir, je n'ai rien à en faire, que ce soit clair entre nous. Tu l'as vue, aujourd'hui. Elle a l'air de te plaire. Tente ta chance, mon vieux, j'en serai très heureux ! Elle est peut-être bien et tout, mais ce n'est pas mon genre. Sur ce, j'ai sommeil. À demain ! »

Marc ne répondit pas. Il avait fait tout ce qu'il pouvait pour persuader Robert, mais il avait échoué.

Il est vrai que la fille lui avait plu quand il lisait ses lettres. Il avait eu peur d'être déçu en la voyant, mais non. Ses grands yeux noirs, son sourire timide et son silence avaient trouvé le chemin de son cœur. Il se réjouissait, dans le fond, que Robert ne l'aime pas même s'il avait cru de son devoir de le pousser vers elle. Pourtant il restait un problème de taille : Solange était amoureuse de Robert et elle n'avait pas l'air d'une écervelée. Quand elle s'attachait à quelqu'un, ce devait être pour la vie.

Longtemps, Marc tourna et retourna toutes ces choses dans sa tête, avant de finir par s'endormir.

Le lendemain, la neige tombait à gros flocons. Du ciel gris, des myriades d'étoiles blanches lourdes d'une eau qui devenait liquide en touchant le sol noyaient le village, liquéfiaient les chemins, remplissaient les tranchées boueuses et rendaient glissants les embryons de sentier qui n'en devenaient que plus traîtres.

« Manquerait plus qu'il gèle et nous serions dans de beaux draps ! » gémit le père qui, une tasse de café à la main, regardait impuissant continuer le déluge.

Les flocons firent place à de grosses gouttes, puis revinrent en force tandis que les chemins ruisselaient de partout.

« Qu'est-ce qu'on va faire, gémit Robert, on ne va pas rester enfermés tout le jour ! »

Quand il eut fini de donner à manger aux animaux, il entraîna Marc sous l'auvent du portail.

Et siffla pour attirer les copains. L'attente ne fut pas vaine et, quelques minutes après, Louisau et Raymond les rejoignirent.

Les jeunes gens discutèrent un moment, se suspendirent aux poutres de l'auvent, jouant à qui tiendrait le plus longtemps. Ils racontèrent les dernières blagues apprises dans les soirées en regardant la neige et la pluie se disputer l'horizon, mais le temps s'éternisait !

« Qu'est-ce qu'on s'ennuie ! s'exclama Louisou, si on allait faire un tour à Mende !

— Tu es fou, avec ce temps !

— Qu'est-ce qu'on risque ? »

L'ennui était tel que les quatre furent tout de suite convaincus et que les deux motos les emportèrent malgré les protestations des parents, bien moins ravis que les jeunes de cette escapade.

« On est bien obligés d'y aller, s'excusa Robert, il faut que Marc s'informe de l'horaire des trains car, avec ce temps, le car risque de na pas passer.

— Le train sera, peut-être, bloqué à la Bastide ; alors, ce sera tout comme », se moqua le père.

Les jeunes gens partirent sous le déluge qui continuait. Les deux motos avançaient tant bien que mal. Les pilotes aveuglés par la pluie et les flocons zigzaguaient avant de reprendre le contrôle de leur machine. Quand, enfin, ils parvinrent à la ville, Raymond s'exclama :

« On est fous de venir rôder en ville alors qu'on n'a rien à y faire ! »

Ils parcoururent les rues désertes, entrèrent dans un café, s'informèrent des départs des trains pour Alès et décidèrent de casser la croûte dans un restaurant ouvrier de la ville. Ils étaient les seuls dans une salle qui leur parut immense, mais le repas était bon, et ils mangèrent de bon appétit.

Quand ils sortirent, la pluie avait cessé. Un vent froid s'était levé et s'engouffrait dans les rues, forçant les rares passants à tenir fermement leurs vestes et leurs manteaux.

« Si on allait faire un tour à Badaroux », proposa Raymond.

Robert n'osa protester, et ils partirent tous les quatre vers le village.

Ce jour-là, personne ne les attendait. Raymond, qui avait ses entrées chez Josette, traversa résolument la cour, suivi par Louisou et Marc, Robert restant à la traîne.

Ce fut un concert d'exclamations quand la porte s'ouvrit sur les jeunes gens frigorifiés.

Comme par magie, ils n'étaient pas arrivés depuis une demi-heure que toute la bande des filles se trouva réunie chez Josette, entourant le fourneau rougeoyant.

Une partie de cartes s'organisa, et Solange, qui ne connaissait pas la belote, se trouva à un bout de table, entre Robert et Marc à essayer de comprendre les règles du jeu.

Robert riait ; Marc accumulait les fautes et, au bout d'un moment, il quitta le jeu pour prendre l'air. Dehors, il contempla les montagnes enneigées tout en allumant une cigarette quand Solange le rejoignit.

« Sale temps », dit-elle en regardant l'horizon bouché.

Il inclina la tête sans répondre.

« Alors, vous étiez avec Robert, là-bas.

— Oui », dit-il misérablement.

Il tremblait qu'elle ne lui demandât pourquoi Robert la fuyait, mais elle se tut, laissant le silence s'installer. Le froid commençait à le transpercer. Solange aussi serrait son gilet contre sa poitrine et paraissait frigorifiée.

Il prit son courage à deux mains et lui dit d'une voix si basse qu'elle fut obligée de s'approcher pour comprendre.

« Solange, je n'osais pas vous le dire, mais il vaut mieux que vous le sachiez, en Algérie, j'ai lu les lettres que vous avez envoyées à Robert... »

Elle le regarda, fixant sur lui ses yeux noirs brillants de larmes. Il continua :

« Je sais que j'aurais dû refuser, mais elles étaient si vivantes vos lettres, si pleines de joie et de bonheur. Elles nous aidaient à tenir. Pour moi, c'était... C'était comme si vous me les écriviez à moi et j'étais heureux... Lui s'en fichait, mais, pour moi, c'était le paradis ! »

Solange se rapprocha encore lui, mit la main sur le bras et répondit d'une voix voilée de larmes :

« Non, Marc, non, ne continuez pas... Vous voulez, peut-être, me faire comprendre que Robert ne pense plus à moi... »

Elle soupira :

« Je m'en suis aperçue, hélas ! Cela ne fait rien, mais, je vous en prie, ne vous sacrifiez pas pour moi.

— Mais je ne me sacrifie pas ! Je regrette pour vous, mais je suis heureux, parce que…

— Parce que rien… Il n'y aura rien… »

Elle se sauva en courant, petite silhouette qui s'enfonçait dans le soir qui tombait et que Marc n'osa pas retenir.

Quand il rentra, tout le monde se préparait au départ et, quand ils montèrent sur les motos, Robert ne s'était pas aperçu du départ de Solange.

X

Orages

ROBERT LABOURAIT ENCORE. Il avait repris le tracteur comme le jour où les gendarmes étaient venus le chercher. Les sillons s'alignaient toujours aussi droits, mais l'enthousiasme d'il y avait un an avait disparu. C'était son travail désormais, il était bien obligé de le faire, mais le cœur n'y était pas.

Il pensa à ce pauvre bougre d'Algérien qui, près d'un douar, labourait aussi son champ à l'aide d'un âne. Les soldats, et il en faisait partie, s'étaient emparés de la bête pour transporter leur barda, riant des imprécations de l'homme. Ils avaient abandonné l'animal quelques kilomètres plus loin sans se soucier de lui.

Aujourd'hui, avec le recul et son bon sens de paysan, il revivait cet épisode peu glorieux et il en avait honte. Comment avait-il pu, lui, un paysan, faire une telle chose ? Que dirait-il si on lui enlevait son tracteur ?

Il s'arrêta. Des gouttes de sueur dégoulinaient de son front. Il y passa machinalement sa manche et resta un moment le front dans ses mains à penser à cet homme debout au milieu de son champ.

« Ce n'est pas comme ça que tu finiras le champ avant la nuit, cria son père d'une voix impatiente.

— J'ai bien le droit de me reposer un peu, non ?

— De te reposer, oui. De devenir un songe creux, non !

— Je ne deviens rien du tout ; je prends mon temps.

— Oui. Eh bien, tâche de ne pas le prendre longtemps ! Le travail n'attend pas. »

Le père partit et Robert le regarda s'éloigner vers le haut du champ. « Je ne suis plus un gamin, pensa-t-il, il ne me fait même pas confiance pour un labour. S'il continue, je laisse tout tomber et je fiche le camp ailleurs. Il ne fait d'ailleurs confiance à personne ! »

Le père avait disparu derrière un bouquet de chênes. L'envie de tout plaquer lui revint. « Je n'ai qu'à aller à la ville, il y a des entreprises qui m'embaucheraient ! »

Il le disait du bout des lèvres, mais n'avait jamais songé sérieusement à quitter la terre. Paysan il était né, paysan il resterait !

Il songea à toutes les vignes qu'il avait vues à Saint-Christol. Le père et le frère de Marc se plaignaient que le vin se vendait mal, mais ils voulaient aussi replanter de nouveaux ceps pour créer une appellation d'origine contrôlée. Pour cela, ils étaient prêts à bien des sacrifices. Robert les avait écoutés discuter, se heurter et quelquefois même se quereller violemment…

Mais il y avait entre eux une connivence qu'il était loin de ressentir avec son père.

Il continua son labeur et bénit le crépuscule rose qui le renvoya chez lui. En chemin, il repensa au paysan à l'âne mais chassa vite cette pensée. Il rentra juste pour mettre les pieds sous la table.

Quelques jours plus tard, il passait en revue les différents outils et machines, car la fenaison approchait, quand son père parut à l'entrée du hangar et le regarda quelques instants en silence. Robert attendit une réflexion qui ne vint pas, alors il lança :

« Je vérifie le matériel. Il faut qu'il soit solide, car le tracteur secoue plus que les bœufs.

— Quand tu étais en Algérie, on a fait avec les bœufs et ce n'était pas plus mal ! »

Le père se tut un instant, puis continua, criant et s'excitant :

« Avec ces nouveaux engins, on ne va pas dans tous les coins, c'est pas du travail fini.

— Les vaches mangeront l'herbe qui n'a pas pu être fauchée. Elle ne sera pas perdue. »

Le père haussa les épaules ; le garçon reprit :

« Il faudra bien construire un hangar pour garer le tracteur et, peut-être, acheter un botteleuse. Ce serait plus facile pour entrer et ranger dans la grange. »

Le père contempla son fils un moment, puis lança d'une voix sourde :

« Il ne faudrait pas nous prendre pour des millionnaires ! Tu voulais un tracteur, tu l'as eu, contente-t'en pour le moment. On a toujours tourné le foin et on continuera.

— Oui, mais Jeannine et Gaby ne seront pas toujours là, et maman et toi, n'êtes plus tout jeunes.

— Tu nous prends pour des vieux ! Tu veux nous mettre à la retraite ? »

Robert haussa les épaules ; ou son père le faisait exprès ou il ne voulait pas comprendre. Il faisait la sourde oreille chaque fois qu'on parlait d'un achat comme si on l'écorchait vif ; et pourtant Robert savait qu'ils n'étaient pas des plus malheureux.

Il songea à la voiture d'occasion qu'il aurait voulu acquérir, mais dont il n'avait jamais osé parler.

Il avait trop peu d'argent à la banque — les quelques dizaines de mille francs que l'armée lui avait versées pendant ses huit mois en Algérie ne suffisant évidemment pas — pour s'offrir une traction, presque la même que celle que voulait acheter Raymond. Mais Raymond avait un salaire alors que lui travaillait pour son père et ne recevait rien.

Robert trouvait que c'était parfaitement injuste de devoir obéir sans discuter, sans avoir un mot à dire, alors que c'était sur lui que tombait tout le travail.

Même le choix des engrais et des semences était l'affaire de son père. Il était relégué au rang des domestiques juste bons à faire le travail sans avoir à intervenir dans aucune décision.

Il commençait à en avoir sa claque !

L'été s'avança. Par malheur, il plut à partir du 14 juillet, et, pendant un mois, les récoltes furent compromises. Les javelles d'orge et d'avoine couchées dans les champs humides ne tardaient pas à germer, et les gerbes restaient debout en tas de sept ou huit, en attendant d'être mises en gerbiers.

Le père ne décolérait pas. Même si Robert n'y était pour rien, il devait subir sa mauvaise humeur. Le dimanche soir, qui était l'unique après-midi de sortie pour les jeunes, se vit transformé en soirée de travail ordinaire.

Les fêtes villageoises qui, çà et là, permettaient aux garçons de se retrouver ne furent plus que de l'histoire ancienne.

« Heureusement que je n'ai pas de petite amie, se disait Robert, mélancolique, sinon, je crois que je deviendrais fou ! ». À ces moments-là, il songeait à Solange et à sa cousine Ginette, et regrettait de les avoir laissé tomber. « Bof, se consolait-il, à quoi bon puisqu'elles ne m'intéressaient pas ! »

Pourtant, il enviait Raymond, qui semblait vivre dans un nuage depuis que son idylle avec Josette s'était transformée en fréquentation sérieuse. Ils se rendaient dans leurs familles respectives et même envisageaient le mariage, et Robert se surprenait à l'envier. Mais où pourrait-il amener une femme dans cette ferme où il était à peine chez lui !

Malgré le temps peu favorable, les blés furent enfin battus.

C'était le jour de la batteuse chez les Baudouin. La batteuse circulait de village en village et les gens se prêtaient main forte les uns les autres.

La journée avait été dure ; la fatigue cernait les fronts, mais le souper était animé et les discussions allaient bon train.

Robert se trouvait près du vieux Laurent, qui était un peu sourd et dominait de sa voix haut perchée toutes les conversations de la tablée.

« Alors, fit-il à Robert, c'était pas trop dur l'Algérie ? »

Le jeune homme haussa les épaules :

« Vous savez, répondit-il, c'était la guerre et la guerre ce n'est jamais très agréable.

— Tu as eu des accrochages ? » insista le vieux.

Robert hésita. Il n'allait pas évoquer, devant toute la table, l'attaque dont il ne se rappelait qu'avec horreur et au cours de laquelle Marc avait été blessé.

Du bout de la table, la voix du père s'éleva :

« Je t'en foutrais, moi, de cette guerre ! C'est pas une guerre ça ! Ils vont mettre de l'ordre et ne sont même pas capables de venir à bout de quelques voyous qui les prennent pour des rigolos... Ce sont des rigolos d'ailleurs. Rien à voir avec la guerre, la vraie, celle que nous avons vécue à Verdun. Tu te rappelles, Firmin ? »

Firmin, interpellé, hocha la tête et répondit prudemment :

« Ça ne veut pas dire que ça ne soit pas dangereux, là-bas, c'est pas pareil, mais il y en a aussi qui restent dans des embuscades.

— Oui, mais nous, c'était tous les jours et des morts, il y en avait ! »

Robert n'y tint plus :

« Nous aussi on en a eu des morts dans une attaque. Un jour, il y en a eu quatre qui...

— Tu parles, quatre ! Alors que nous...

— Vous ne pouvez pas laisser la guerre tranquille et discuter d'autre chose », intervint la mère en posant sur la table un civet de lapin qui sentait bon les cèpes…

Ils se sentirent tous penauds et convinrent que le civet avait un fumet incomparable.

Robert, de sa place, jeta un coup d'œil rageur à son père. Il se disait que non seulement il était avare, mais, depuis quelque temps, il s'ingéniait à l'humilier en public et à le prendre pour cible de ses attaques. Il ne comprenait pas pourquoi, mais cela l'énervait prodigieusement.

Il serra les poings et pensa qu'il serait obligé de partir pour retrouver la paix.

Il se sentait fatigué, et son père s'acharnait à le critiquer à la moindre vétille.

En cette après-midi de septembre, le soleil rayonnait comme en plein été. Jeannine, ses études terminées, venait d'être nommée à Brion, dans une modeste école de campagne, où elle allait faire ses débuts. Elle devait habiter dans le logement de fonctions, au-dessus de la salle de classe, et elle voulait s'y rendre pour inspecter, ranger et nettoyer les locaux avant la rentrée qui aurait lieu dans une quinzaine de jours. Elle ne savait comment y aller.

Robert sauta sur l'occasion :

« Je vais demander à Raymond de me prêter sa traction et je t'y porterai. »

Il avait passé le permis à l'armée et l'avait fait valider dès son retour. Ils partirent donc et passèrent la journée à déblayer, nettoyer et tout mettre en place.

De retour, dans la soirée, Jeannine dit innocemment :

« Il faudrait acheter une voiture, ce serait tellement commode,; ne serait-ce que pour aller à Mende...

— Toi aussi, tu t'y mets, répondit le père, furieux, tu crois que je ne vois pas que Robert ne pense qu'à ça ! C'est lui qui t'a dit de me le dire... »

Robert se leva rouge de colère :

« Je n'ai rien dit du tout ! Mais tout le monde sait bien que moi, ici, je n'ai que le droit de me taire et que je n'aurai jamais rien !

— Robert ! s'écria la mère au bord des larmes.

— Si tu n'es pas content, tu n'as qu'à partir, cria le père.

— C'est ce que je vais faire », répliqua Robert en repoussant son assiette.

Il monta dans sa chambre en claquant la porte et commença ses valises.

Le lendemain matin, malgré les supplications de sa mère, il quitta la maison, monta dans le car d'Alès et partit chercher du travail à Saint-Christol.

XI

Armande

ROBERT TRAVAILLAIT. Il sulfatait la vigne. La machine lui pesait sur le dos, mais elle l'empêchait de penser. Bien sûr, il était heureux de n'avoir pas quitté la terre qu'il aimait, mais tout ce qu'il faisait ici était si éloigné de ce qu'il connaissait qu'il se croyait transporté sur une autre planète. La bouillie cuivrée dont il enduisait les jeunes feuilles avait un relent âcre qui le prenait à la gorge et le faisait tousser.

Il s'acharnait pourtant, voulant tenir le coup pour montrer à son père qu'il était capable de faire autre chose que le travail au rabais auquel il l'avait condamné.

Quand il repensait à son père, il se sentait devenir furieux : son père, qui n'avait jamais voulu lui donner une parcelle d'autorité, son père, qui l'humiliait tout au long de la journée, son père, qui lui avait lancé dans un accès de colère qu'il ne pourrait jamais être autre chose qu'un domestique, un soldat de comédie qui se targuait d'une guerre d'opérette…

Cela avait été la goutte qui avait fait déborder le vase, le mot de trop qu'il n'aurait jamais dû prononcer et qui l'avait fait fuir.

Mais pourquoi ressassait-il toujours cette histoire ? Il était parti et Marc lui avait trouvé cette place chez un grand propriétaire de la région. L'œuvre n'y manquait pas et il préférait, cela l'empêchait de penser !

Il pompait et étalait le liquide jaune-vert sur les jeunes pousses pour les préserver du mildiou et de toutes les autres maladies qu'il ne connaissait pas. Bien sûr, ce n'était pas aussi excitant qu'un beau labour, mais il y avait toujours le contact avec la terre et cette liberté d'être son propre maître.

Il se retourna ; Damien, l'autre ouvrier, le suivait. Un peu simple d'esprit, il ne travaillait jamais seul. Une peur irraisonnée le saisissait quand il se sentait abandonné, croyait-il, tout seul, dans une vigne ou un champ. Il vivait dans le sillage de

Robert, dont il partageait même la chambre. À certains moments, cette présence continuelle lui pesait et il avait envie de l'envoyer promener ; à d'autres instants, comme aujourd'hui, il le trouvait attendrissant comme un gamin et avait envie de le faire enrager. Il lança :

« Alors, comment va Madeleine ? »

Damien se mit à rire, d'un rire qui cascadait comme une eau déferlante mais ne répondit pas. Robert insista :

« Tu vas la voir, ce soir ? »

L'autre se rembrunit :

« Peux pas ! Il y a sa fille. »

Sur le moment, Robert ne comprit pas. Madeleine était une jeune veuve accueillante chez qui le garçon passait la plupart de son temps libre. Robert la soupçonnait de soutirer tout l'argent de Damien, mais, en revanche, elle était la seule affection que connut le pauvre esseulé.

« Je ne savais pas qu'elle avait une fille, s'étonna Robert.

— Mais si, Armande !

— C'est sa petite fille ?

— Mais non, elle est grande ! »

Robert n'en sut pas plus ce jour-là, mais, un soir, Damien insista et l'entraîna vers la maison de l'accueillante Madeleine.

Bien que réticent au début, Robert fut agréablement surpris de l'ambiance bon enfant qui régnait dans la maison. Il comprit tout de suite que Madeleine était seulement une mère pour Damien et que, pour le garçon, cela était suffisant. Il prit l'habitude, lui aussi, d'aller de temps en temps chez Madeleine.

Un beau jour, il rencontra Armande. C'était une adolescente montée en graine qui affichait une moue boudeuse. Elle arborait des yeux charbonneux, des ongles rouges et un fond de teint qui cachait complètement les traits de son visage, qui aurait pu être très mignon sans cette couche de peinture.

Elle désapprouvait sa mère d'être un refuge pour les pauvres types, comme elle disait, et, dans ces gens-là, elle englobait évidemment Robert. Aussi ne quittait-elle que rarement la pension où sa mère exigeait qu'elle s'instruise pour devenir institutrice.

Armande ne contrariait pas ouvertement sa mère, mais rêvait en secret de devenir actrice. Pour cela elle cultivait les mimiques des stars et en particulier la moue boudeuse d'une certaine Brigitte Bardot, qui tenait la vedette à Saint-Tropez et dont elle avait admiré la photo avec ses amies.

Robert était amusé par cette gamine qui se prenait tant au sérieux et passa la soirée à la faire enrager en critiquant son idole avec une férocité qu'il était bien loin de ressentir pour la blonde vedette.

Armande lui répondit du tac au tac, le rouge lui montait au visage et elle piaffait en face de cet iconoclaste, ce qui excita Robert à aller encore plus loin.

Excédée, Armande s'enfuit en pleurant, lui lançant avec rage :

« Décidément, vous êtes encore plus bête que Damien. Lui, au moins, il ne fait pas l'intéressant ! »

Robert ressentit un peu de remords, mais se dit que cette gamine avait besoin d'une bonne leçon. Il ne la revit pas de la soirée et en fut contrarié.

Le sulfatage des vignes continua. Finalement, ce travail se révélait plus pénible que celui qu'il faisait chez son père. La solitude lui pesait, et ce n'était pas la compagnie de Damien qui pouvait le réconforter beaucoup.

Toutes les semaines, il recevait une lettre de sa mère désolée de son départ. De son père pas un mot. Il devait être furieux. Jeannine avait rejoint son poste depuis l'automne et ne revenait plus souvent à la maison. Gaby se désintéressait de la ferme et passait ses congés à bricoler ou à réparer les Mobylette de ses nombreux copains.

Le père, qui n'était plus tout jeune, se retrouvait seul avec une ferme trop grande pour lui et encombré d'un tracteur dont il ne savait pas se servir.

« N'avoir qu'un fils capable de lui succéder et ne pas le supporter, pensait Robert, peu enclin à pardonner les injures qu'il estimait imméritées ! »

Il soupira et reprit son travail. Il songea à Marc, qui devait venir pour deux jours de congé le 14 juillet. Il se réjouit de le retrouver même s'il le trouvait un peu changé depuis quelque temps. Il se demanda s'il n'était pas jaloux de lui. Mais pourquoi, mon Dieu ? Il était sans métier et le salaire qu'il recevait en plus de sa nourriture lui permettait à peine de subvenir à ses menus frais ! Pourtant, il avait cru surprendre, plusieurs fois, le regard pensif de Marc posé sur lui et cela l'avait intrigué. « Allons bon, se dit-il, voilà que je me fais encore des idées, décidément, je suis incorrigible ! »

Ce soir-là, les garçons décidèrent d'aller au bal qui se tenait au pied de la Pyramide : grande obélisque dressée à la croisée des routes pour commémorer une paix entre les catholiques et les protestants.

La chaleur était suffocante. Les murs réverbéraient le soleil de la journée et, malgré leur chemisette légère, les deux jeunes gens suaient à grosses gouttes. Ils regardèrent quelque temps les danseurs évoluer, mais la chaleur leur interdisait de les imiter. Robert pensait aussi à la gêne que la jambe de Marc lui procurait et préférait s'abstenir.

D'un commun accord, ils quittèrent la place et suivirent un chemin de terre qui s'enfonçait dans les vignes. Ils marchèrent en silence, choisissant les endroits où poser les pieds pour éviter les ornières. Bientôt, Marc, qui, depuis un moment, paraissait nerveux, soupira et dit d'une voix basse, changée :

« Tu sais que j'ai revu Solange ? »

« C'est donc ça ! », pensa Robert. Il ne répondit pas. Marc reprit :

« Tu sais qu'elle pense toujours à toi et ça me fait mal au ventre de voir que tu te fiches d'elle. »

Robert s'arrêta, prit le temps de se calmer avant de répondre d'une voix à la colère contenue :

« Écoute, Marc, si tu veux qu'on reste amis, arrête de me parler de cette fille ! Je sais que je te fais de la peine, parce que toi tu l'aimes, mais, je t'en prie, essaie de lui expliquer que moi, je ne l'aimerai jamais, jamais… En revanche, toi, tu l'aimes, alors, tente ta chance ! »

Marc se mit en colère :

« Enfin, Robert, comment veux-tu que je dise à cette fille que je l'aime alors qu'elle ne pense qu'à toi ?

— Elle m'oubliera !

— J'ai peur que non

— Mais si. Ne lui parle plus de moi. Rends-toi indispensable et, bientôt, c'est toi qu'elle aimera. »

Marc haussa les épaules :

« Toi, quand tu as une idée dans la tête, tu ne l'as pas aux pieds ! Mais ça va, j'ai compris, je ne t'ennuierai plus avec cette histoire. »

Ils reprirent le chemin en silence, et il sembla à Robert que Marc paraissait soulagé. Pour rompre la glace, il lança :

« Tu sais que je m'habitue à Saint-Christol. Je me fais au travail de la vigne.

— Je n'en doute pas. Tu es paysan dans l'âme et la terre, c'est ton affaire. »

Sans se consulter, ils rebroussèrent chemin et se retrouvèrent devant le bal. La cohue était grande et les deux garçons eurent beaucoup de mal à s'approcher. L'accordéoniste jouait un air entraînant. Marc invita une fille assise sur un banc et qu'il avait l'air de connaître. Robert allait inviter sa voisine quand une voix provocante le fit se retourner :

« Alors, on vient se distraire ? »

Il s'arrêta, interdit. Armande, plus maquillée que jamais, lui souriait, oubliant ses ressentiments. Robert s'avança et lui demanda :

« Vous dansez ? »

Sans répondre, elle s'approcha de lui et il l'enlaça. Ils glissèrent sur le goudron dur de la route et tournèrent un moment en silence. Puis Robert crut bon de s'excuser :

« L'autre soir, je vous ai fait enrager, je voudrais…

— Ne vous excusez pas, je m'en fous !

— Pardon ?

— Les gens qui viennent chez ma mère, je n'en ai rien à foutre ! Damien surtout m'énerve et vous étiez avec lui ! Et puis, ajouta-t-elle d'un ton moqueur, comme vous dites, vous avez tout fait pour me faire mousser ! »

Robert sourit :

« C'est vrai. Mais c'était tellement tentant ! Vous jouiez à la petite fille qui veut être prise pour une adulte que j'ai eu envie de m'amuser ! »

Elle éclata d'un rire jeune et frais qui leur fit perdre le pas et contraignit Robert à la guider vers la buvette. Quand elle fut calmée, elle lui dit :

« Alors, d'après vous, j'ai l'air d'une adolescente attardée ? »

Robert haussa les épaules :

« Je ne voulais pas dire…

— Allons, allons, bien sûr que si tu voulais dire… Tu permets que je te tutoie ? »

Robert inclina la tête, elle continua :

« J'ai peut-être l'air d'une adolescente, mais j'ai dix-huit ans. Je suis vieille ! »

Alors, Robert rit franchement :

« Tu parles d'une vieille ! »

Ils retournèrent au bal et, de toute la soirée, ne se quittèrent pas. Robert se sentait revivre. Il voyait l'avenir sous un autre jour, il se serait pris pour le roi du monde…

Parfois en virevoltant, Armande à son bras, il se disait qu'il était fou de s'attacher à une gamine mal élevée, mais, malgré lui, il ne pouvait s'empêcher de serrer contre lui le petit corps abandonné.

S'il ne l'amena pas dans sa chambre, ce soir-là, ce fut parce que la présence de Damien l'en empêcha. Il eut envie de se perdre dans les vignes avec la jeune fille, mais Marc, arrivant à point nommé, l'entraîna avec ses copains. Il dut, à regret, abandonner Armande, mais il se promit de la revoir.

XII

À la ferme

LES VENDANGES BATTAIENT LEUR PLEIN. Dans chaque rangée de vignes s'activaient vendangeurs et vendangeuses armés de ciseaux. Ils tranchaient les grappes qui tombaient dans le seau. De temps à autre, un homme portant une hotte sur le dos passait à proximité et tous y versaient leur cueillette.

Robert allait et venait de la charrette à la vigne et de la vigne à la charrette, les reins sciés par la fatigue. Se baisser et se relever lui coûtaient de plus en plus d'efforts. Les autres se moquaient de lui, Damien en tête :

« Eh bien, gabache ! ce n'est pas d'être à la queue de tes vaches ! On va t'apprendre à travailler, ici. »

Robert serrait les dents. Ah, que n'était-il pas resté dans sa pauvre Lozère ! Il serait en train de tracer un beau labour au lieu de suer sang et eau sans pouvoir s'arrêter une minute.

Une main fraîche se posa sur son front et Armande s'approcha un verre à la main :

« Tiens, bois un coup, ça ira mieux après. »

Elle lui sourit et, pour lui, tout s'illumina. Non, finalement, il avait bien fait de descendre puisqu'il avait connu Armande !

Après cette rencontre, la journée lui parut moins dure. Peu à peu, le rythme se ressentait de la fatigue et du poids du travail. Le soir, chacun tombait de sommeil, regagnait son lit et, jusqu'au matin, oubliait la vigne et les raisins.

Mais vint le dernier soir des vendanges. Ce jour-là, cornues et chaudrons hissés sur la carriole, tous les vendangeurs passaient à ce qu'on appelait le fardage. Les derniers raisins oubliés dans les vignes étaient écrasés sur les visages, sur les bras et sur les jambes provoquant des crises de fous rires et des cris aigus qui réveillaient les alentours à la tombée de la nuit.

Après, on s'en revenait bras dessus bras dessous vers le mas, où l'on ripaillait autour d'une table bien garnie.

Robert, comme par hasard, se trouva placé à côté d'Armande. Il lui prit la main sous la table et pressa son genou contre le sien. Elle se serra contre lui et il en ressentit un grand bonheur. Le soir, avant de suivre ou plutôt de porter Damien, qui avait du mal à se tenir droit, Robert réussit à voler un baiser à Armande et s'aperçut un peu tard que Madeleine, qui surveillait, lui faisait les gros yeux. Cela lui donna presque envie de rire : « Il faudra bien qu'elle m'accepte, pensa-t-il, car je n'ai pas du tout envie de laisser tomber ! »

Il y pensa encore avant de s'endormir et éclata de rire intérieurement en songeant à ce que son père penserait d'une fille qui se fardait et qui criait à tous les échos qu'elle voulait devenir star !

L'hiver étant la morte saison à Saint-Christol, Robert décida d'aller passer Noël chez lui. Il prit le car par une froide journée de vent qui inclinait les cyprès et courait comme un fou à travers le pays.

Dans le car qui le ramenait chez lui, Robert songeait. Il n'avait pu refuser à sa mère cette visite pour Noël alors qu'elle voulait, comme chaque année, les réunir tous autour de la dinde, mais il se demandait l'accueil que lui réservait son père.

Les sommets déserts des Cévennes s'enfonçaient peu à peu dans la nuit. Le car faisait un bruit d'enfer et les rares voitures croisées se hâtaient de disparaître dans l'obscurité.

Cette ambiance lugubre lui rappela l'Algérie et les patrouilles de nuit où chacun tentait de dissimuler sa peur : « Tiens, pensa-t-il, il y a longtemps que je n'avais plus pensé à ça ! »

Il réfléchit et constata en souriant que depuis sa rencontre avec Armande ces souvenirs obsédants l'avaient quitté. Il revit les yeux changeants, tour à tour rieurs ou chargés de colère, de cette gamine frondeuse et énervante qui avait si bien su le séduire. Il aurait aimé passer Noël avec elle. Elle lui avait dit en riant qu'elle croyait au Père Noël et il chercha ce qu'il pourrait lui apporter pour l'étonner.

Le car s'engageait, maintenant, dans les virages qui, d'Ispagnac à Montmirat, jalonnaient une route étroite serpentant entre d'énormes rochers et un minuscule ruisseau en contrebas.

La nuit claire et froide dévoilait de profonds ravins et des à-pics impressionnants, tandis que Robert, à moitié engourdi, rêvait déjà de son retour dans la plaine.

Enfin, le véhicule s'arrêta à Rouffiac, et le jeune homme descendit, serra sa veste contre lui tout en tirant son sac de la cale. Il allait partir d'un bon pas quand une voix connue l'interpella :

« Alors, comment va le mange-tripes ? »

Il se retourna. Son frère Gaby le regardait goguenard tout en tirant sur sa cigarette.

« Qu'est-ce que tu fais là ? lui demanda-t-il en l'embrassant.

— Je viens te chercher, pardi ! »

Il lui prit le sac et se dirigea vers une voiture en stationnement que Robert n'avait pas aperçue.

« Tu as une voiture ! s'exclama-t-il avec un ton d'envie.

— Elle est à mon patron, mais il me la prête pour faire le va-et-vient. »

Il hésita, puis poursuivit :

« Il fallait bien que je vienne, je pouvais pas les laisser seuls ! »

Robert ne répondit pas. Ils s'installèrent et partirent vers le village.

« Alors, comment ça marche pour toi, là-bas ? interrogea Gaby.

— Ça va, ça va. »

Robert n'avait pas du tout envie d'évoquer son travail dans le Midi. Après un silence, Gaby continua :

« Je me fais du souci pour eux… Le père est pas bien vaillant. »

Robert, se sentant coupable, riposta vivement :

« Il n'avait qu'à me laisser travailler tranquille ! Tu dis qu'il ne peut pas travailler et il ne veut pas me laisser faire. Tu comprends ça, toi ? »

Gaby haussa les épaules :

« Je sais bien. C'est pas un commode. Faut faire avec. Moi, je plains maman. »

Ils se turent et, bientôt, entrèrent dans la cour de la ferme. On les attendait pour souper, et le repas se passa comme au meilleur temps de leur enfance. Le père se taisait. Robert, après les bavardages d'usage sur la santé de chacun et les nouvelles du pays, se surprit à raconter son travail dans les vignes tandis que Jeannine les régalait des bêtises de ses petits élèves et que Gaby singeait son patron et son inimitable accent.

L'ambiance était chaleureuse. On évoqua le prochain mariage de Raymond et les divers potins du village.

Robert et Gaby montèrent se coucher les derniers, prolongeant cette soirée, contents de se retrouver.

« Il ne va pas si mal, papa, ne put s'empêcher de constater Robert.

— Il n'a rien dit parce qu'il était content de nous voir tous les trois, mais il y a des soirs où il n'arrête pas de rouspéter !

— C'est bien ce que je n'ai pas pu supporter !

— Tu sais, reprit Gaby après un moment de silence, je ne vais pas tarder à partir en Algérie.

— Toi aussi !

— Ben oui. Tu croyais que j'y échapperai ! Pour ça, il faudrait que je sois estropié !

— Je n'avais pas pensé que toi tu irais aussi là-bas ! C'est pas pour tout de suite ?

— Non. Un an, peut-être plus… Je partirai plus tranquille si je te savais ici, avec eux.

— Tu sais bien que c'est impossible… Maintenant, j'ai mon travail, là-bas ! »

Gaby n'insista pas et ils partirent se coucher. Le lendemain, le père, qui souffrait de violentes douleurs dans le dos, alla au lit de bonne heure, laissant ses trois enfants et sa femme veiller seuls dans la cuisine. Le poste, sur l'étagère, déversait des mélodies de Noël. La mère et Jeannine cherchaient une recette facile pour faire une bûche pour le repas du lendemain qui, en plus d'eux cinq, réunissait chaque année la tante Flora et l'oncle Gustin, frère et sœur célibataires de Julie, la mère de Robert.

Flora et Gustin étaient les habitués des fêtes. À Noël, ils arrivaient pour le repas de midi, portant précieusement une boîte de marrons glacés et une bouteille de bon vin.

Le père se moquait, disant que Flora, dont la gourmandise était le péché mignon, apportait la boîte pour le plaisir de manger les marrons dont elle raffolait ; quant à Gustin, il ne crachait pas sur le vin !

« Ils apportent des cadeaux, mais c'est pour les manger, ricanait le père.

— Tu en profites bien, toi aussi ! »

Julie défendait son frère et sa sœur. Mais, maintenant, que les enfants devenus grands mêlaient leurs moqueries à celles de leur père, elle ne savait plus que dire pour soutenir sa famille !

Ils partirent tous les quatre pour la messe de minuit. L'église était toute illuminée. Ils y allèrent à pied parcourant les quelque huit cents mètres en compagnie de tout le village. C'est en joyeux cortège qu'ils se dirigèrent vers le clocher d'où montait le chant des cloches. De tous les villages, les gens se pressaient. Le temps sec et froid rappelait que l'hiver était le maître et qu'il fallait boutonner les manteaux et relever les cols ! Des nuages de vapeur marquaient les respirations, amusant les enfants.

Quand ils entrèrent, le chauffage, dont l'église venait d'être pourvue, lançait un ronronnement continu et les gens, se souhaitant la bienvenue, étaient obligés d'élever la voix pour se faire entendre.

De la foule montait une rumeur qui enflait, puis retombait après les chut ! énergiques que les catéchistes lançaient en fronçant les sourcils mais dont les enfants, énervés en ce soir de Noël, ne tenaient guère compte.

Mais l'église devint silencieuse et attentive quand Marius, le chantre à la belle voix grave, entonna le *Minuit chrétiens*. L'assemblée se perdit dans la prière en cette nuit de la Nativité.

À la sortie, un vent aigre et pressé s'engouffrait dans la vallée. Il écourta les palabres sur le parvis, poursuivit les fidèles jusqu'à leur porte et réussit même à éparpiller les jeunes qui auraient bien passé quelques bons moments entre eux.

La mère était partie des premières en compagnie de Jeannine et des pères ou des mères chargés de placer, devant la crèche, les modestes cadeaux qui étaient censés descendre du ciel ! Il fallait faire vite, car retenir les enfants impatients était une tâche plus que difficile.

Robert et Gaby restèrent quelques minutes avec les autres, mais, quand les lumières de l'église s'éteignirent, le vent les chassa tous vers leurs différents villages.

Les deux garçons revinrent si vite qu'ils rejoignirent leur mère et leur sœur à la porte de la maison. Ils se régalèrent, tous les quatre, d'un chocolat bien chaud que la mère avait laissé au chaud sur le bord du fourneau. Tout le monde tombant de sommeil, ils ne s'attardèrent pas à la cuisine et regagnèrent leurs chambres.

Le lendemain matin, Robert se retrouva à changer la litière des vaches pour permettre à son père d'assister à la messe matinale. Un regret lui vint en regardant les bêtes tendre leur doux museau vers lui. Elles lui manquaient ses vaches, comme lui manquaient son tracteur et les champs, où il avait joué étant enfant et où il avait commencé à travailler au sortir de l'école.

Il caressa le mufle de la plus proche tout en pensant à ce pays qu'il aimait et qu'il allait quitter sans espoir d'y jamais revenir…

Bien sûr, il se plaisait dans la plaine. Il avait appris à tailler les vignes ; et, quand il aurait passé une année de plus, les cultures des fruits et de la vigne n'auraient plus de secrets pour lui.

Pourtant il regrettait sa vieille terre, sa terre si dure, si basse comme disait le proverbe, mais sa terre à lui qui lui avait donné de si fortes émotions et qui, en ce matin de Noël, dans cette étable, au milieu des vaches de son père, venait se rappeler à lui !

Une envie de pleurer le saisit à la gorge comme quand il était en Algérie et qu'il pensait au pays.

« Que je suis bête, pensa-t-il, la terre de là-bas vaut celle d'ici, c'est toujours la terre. Pourquoi est-ce que je suis là à me faire des idées alors que, quand je suis revenu de la guerre, je ne voulais pas rester ? Je sais pas ce que je veux ! »

Alors, il songea à Armande : Armande si drôle avec ses cils trop fardés, Armande, soupe au lait et qu'il se plaisait à faire enrager, Armande qu'il aurait bien voulu faire sienne, mais qu'il respectait en se disant qu'un jour elle serait sa femme !

Il jeta un dernier regard aux vaches qui ruminaient lentement en posant leurs grands yeux noirs sur lui comme pour lui donner des regrets.

Alors, il claqua la porte de l'étable et sortit dans le matin froid.

XIII

Visite d'Armande

Et passa une année. Une année qui fit l'éducation de Robert au travail de la vigne même s'il dut partir en plein été pour venir au secours de son père.

Sa mère lui avait écrit en cachette que son père se tuait au travail mais ne voulait pas abandonner. Elle se faisait du souci pour la moisson à venir et la journée de batteuse. Elle suppliait son fils de venir passer quelques jours pour les aider…

Ils ne pouvaient plus compter sur Jeannine qui, maintenant qu'elle fréquentait un postier de Saint-Chély, descendait de moins en moins souvent. Gaby, quant à lui, était parti à Barcelonnette faire ses classes, mais il était sûr qu'au bout de trois mois il serait envoyé en Algérie comme tous les appelés.

Ne pouvant compter que sur lui, sa mère espérait qu'il ne leur refuserait pas de monter quelques jours.

Robert informa donc son patron et se retrouva en route vers son village un soir de début juin où la brise tiède caressait de son souffle parfumé le front du jeune homme luisant de sueur. Ce jour-là, personne ne l'attendait à l'arrêt du car : il faut dire qu'il n'avait prévenu personne de son arrivée ! Il prit son sac à la main et, d'un bon pas, s'engagea sur la route. Il se sentait tout heureux de rentrer au pays.

Pourquoi pensait-il « rentrer », alors que son séjour n'allait pas dépasser un mois, et encore !

Il savourait à pleins poumons cet air qu'il retrouvait et qui piquait toujours un peu. Il retrouvait ce calme du soir seulement troublé par quelque char attardé qui grinçait sur un chemin pierreux ou par les cris des enfants désœuvrés qui tardaient à aller au lit…

Oui, il respirait mieux dans ses montagnes ! Il regardait à droite et à gauche comme pour s'imprégner de ce pays qu'il croyait avoir oublié et qu'il n'arrivait pas à chasser de son cœur.

« Tiens, se disait-il, les Nourry n'ont pas encore commencé les foins ! Ils sont en retard, cette année. Voilà les vaches de Roule qui rentrent. Elles sont bien tardives, qui peut bien les garder ? Un tracteur descend du causse : ce doit être ceux du Lac ; il doit être chargé, car il va doucement… Comme le Devès est jaune ! Il doit faire sécheresse !… »

Tout en se faisant ces réflexions, il était arrivé au village silencieux qui semblait se reposer de la grande chaleur du jour.

Il trouva sa mère assise à la dernière marche des escaliers de pierre qui montaient vers un balcon où s'attardaient encore les rayons rouges du soleil couchant.

Elle se leva vivement et le serra contre elle :

« Mon petit, mon petit, il y avait si longtemps que je t'avais pas vu ! »

Il n'osa répondre. C'était vrai qu'il n'était pas monté souvent durant l'année écoulée. Quelques visites en coups de vent, au moment des fêtes, une carte postale pour la fête des mères et… C'était tout !

Maintenant, la mère parlait, parlait. Le père était déjà couché, accablé par le poids de la fatigue et de la chaleur. Il se tuait au travail et avait même racheté des bœufs pestant contre ce tracteur inutile qu'il ne pouvait conduire. Cependant, il ne l'avait pas vendu comme il projetait de le faire quand Robert était parti…

La mère s'arrêta une minute et le garçon comprit que ses parents attendaient son retour. Pour lui, ils conservaient le tracteur !

Tout en lui servant la soupe et en mélangeant la salade, la mère lui racontait les derniers potins du village et la peur qui l'étreignait de savoir Gaby prêt à partir pour l'Algérie :

« On avait eu peur pour toi, mais on savait pas bien à l'époque ; aujourd'hui, on sait tout ; la radio nous renseigne. Tiens, à Mende, il y en a eu un qui a été tué ! Ça et le travail, ça ronge ton père... Tu verras, demain, comme il a vieilli ! »

Le lendemain, en effet, Robert constata que son père avait beaucoup changé. La fatigue y était peut-être, pour quelque chose, mais ce qui le choqua le plus fut le fatalisme avec lequel il acceptait tous les événements qui arrivaient comme si tout lui était indifférent. Robert avait toujours vu en son père un fonceur, et ce découragement latent lui parut de mauvais augure.

Ils travaillèrent toute la semaine aux champs. Robert ressortit le tracteur. Ils louèrent les services de quelques jeunes avides de gagner un peu d'argent et le travail avança.

Ce qui manquait le plus à Robert était de ne pas recevoir des nouvelles d'Armande. Il s'en ouvrit à Marc, un jour, dans une lettre. Marc, qui possédait, maintenant, une voiture, venait souvent retrouver Solange pendant les quelques jours d'été qu'elle passait chez sa grand-mère, à Badaroux. Car Solange et Marc avaient réuni leurs solitudes. Au début, Marc avait eu beaucoup de mal, car la jeune fille, tout en l'appréciant, soupirait qu'elle ne pourrait jamais oublier Robert. Mais la patience du jeune homme avait fini par l'émouvoir. Elle l'avait trouvé gentil ; ils avaient partagé leurs soucis, avaient visité ensemble des expositions, s'étaient amusés à des fêtes villageoises…

Solange avait ressassé son désespoir, Marc avait raconté son enfance solitaire et son amertume face à sa blessure ; et, peu à peu, ils s'étaient trouvé des intérêts communs avant de s'apprécier mutuellement et puis, un jour, tout émus, ils s'étaient aperçus qu'ils s'aimaient !

Quand Marc avait avoué à Robert, en rougissant, que Solange l'avait oublié ou plutôt qu'elle ne gardait de lui qu'un beau souvenir et que c'était lui, Marc, que Solange aimait maintenant, le jeune homme avait éclaté de rire et poussé un ouf ! de soulagement.

« Je sais que vous êtes faits l'un pour l'autre et je désespérais de vous voir le découvrir un jour. »

Il n'ajouta pas, mais il le pensait vraiment, que l'amour de Marc et de Solange le soulageait, car, au fond de lui-même, il avait conscience de n'avoir pas très bien agi envers la jeune fille.

En revanche quand, en hésitant, Robert avait avoué par bribes, à Marc, son attachement pour

Armande, il avait été très surpris par la réaction du jeune homme :

« C'est pas une fille pour toi ! C'est une gamine mal élevée ! »

Robert s'était fâché, tout rouge :

« Mais pour qui tu te prends ? Armande vaut bien Solange ! Qu'est-ce qui te permet de la critiquer ?

— Je ne la critique pas. Mais avoue qu'elle est bien jeune... Et puis elle a plutôt mauvais genre.

— Je ne vois vraiment pas pourquoi tu dis cela ? » riposta Robert, vexé et de mauvaise foi.

Marc haussa les épaules.

« Si elle te plait comme ça, n'en parlons plus... Mais je crois que tu fais fausse route. »

Il hésita, puis demanda doucement :

« Tu crois qu'elle tient à toi ? »

Robert s'étonna :

« Et pourquoi crois-tu qu'elle court vers moi quand je vais chez sa mère ?

— Elle ne vient jamais te chercher, pourtant ce n'est pas le temps qui lui manque ! »

Robert sentit la colère le gagner tout à fait :

« Tu me dis qu'elle est mal élevée et, maintenant, tu lui reproches d'être trop discrète ! Décidément, tu fais exprès d'être désagréable, tu... »

Il s'arrêta à temps. Il avait failli dire qu'Armande valait bien sa Solange, même si cette dernière avait plutôt bon genre. Heureusement, ces mots ne franchirent pas ses lèvres.

Un dimanche d'été, alors que Robert songeait déjà à son prochain retour dans le Midi, une deux-chevaux cahotante s'arrêta en bas des marches de l'escalier et Marc en sortit accompagné d'Armande. Robert se précipita. Il serra la main de Marc de même que celle d'Armande, n'osant l'embrasser devant Marc et surtout devant sa mère qui, descendant les escaliers, reprochait à Marc de ne pas l'avoir avertie.

« Je n'aurai rien à vous faire manger, disait-elle.

— Ne vous tracassez pas, madame, répondit le garçon, une omelette nous suffira. Et, ajouta-t-il avec un rien de malice, peut-être un peu de ce saucisson que vous savez si bien faire… »

La mère sourit en répliquant :

« J'ai bien peur que nous ne deviez partir avec la faim, car je n'ai rien à mettre à la poêle ! »

Elle les salua et fila à grandes enjambées vers la cuisine. Les jeunes gens s'installèrent sur le balcon, à l'ombre d'une treille, et Robert alla chercher l'apéritif. Le père arriva de la messe et se joignit à eux.

Robert baissait les yeux afin que ceux-ci ne trahissent la trop grande joie qui l'habitait : il recevait Armande, pour la première fois, chez lui !

En attendant que le dîner soit prêt, il amena Marc et Armande faire le tour de la maison et des bâtiments. Il parlait, parlait, incapable de contenir sa joie. Les autres l'écoutaient en silence. Marc posait quelques questions, comparait les outils avec ceux de son père, se faisait expliquer certains détails, mais Armande paraissait s'ennuyer ferme.

Quand, enfin, Robert réussit à se trouver seul avec elle, il la prit dans ses bras et lui chuchota des mots d'amour à l'oreille. Elle avait une mine boudeuse et semblait impatiente de partir vers Badaroux, où ils devaient aller retrouver Solange.

Robert finit par s'apercevoir de son apathie et lui demanda :

« Tu n'es pas contente de me voir ? »

Elle haussa les épaules :

« Qu'est-ce que tu peux ficher dans ce trou perdu ?

— C'est chez moi, tu sais, et j'y ai mon travail

— Mais tu vas redescendre ? »

Robert hésita :

« Oui. Oui, je pense redescendre. »

Il regarda attentivement Armande et la trouva bizarre. Il la serra contre lui et lui demanda :

« Qu'est-ce qu'il y a qui ne va pas ? »

Elle se dégagea en disant :

« Rien, mais rien.

— Tu es toute drôle !

— C'est la voiture qui m'a rendue malade. C'est loin jusqu'ici ! »

Robert ne répondit pas mais perçut nettement le malaise de la jeune fille.

Ils rejoignirent Marc, revinrent à la maison et s'attablèrent.

Malgré ses appréhensions, la mère avait préparé un succulent repas. Une abondance de charcuterie comme Armande en avait rarement vu et qui ravit la gourmandise de Marc, un poulet doré à point avec sa couronne de riz et ses tranches de lard grillées, du fromage fermier, ainsi qu'une île flottante, spécialité de la maison, apaisèrent la faim des convives.

Dès la fin du repas, les jeunes s'éclipsèrent pour aller retrouver Solange. Ils passèrent la soirée à la fête de Pelouse, un village voisin.

Le soleil était encore haut à l'horizon quand Armande, se tournant vers Marc, lui dit brusquement :

« Il faudrait songer à descendre. J'ai promis à ma mère que je rentrerai tôt.

— Mais la soirée est à peine commencée, riposta Robert, et, maintenant, les jours sont longs, vous pourrez partir plus tard ! »

Armande insista malgré les protestations des trois autres. La fête battait son plein. Marc et

Solange dansaient dans les bras l'un de l'autre et n'avaient pas du tout envie de se quitter. Robert était malheureux de l'attitude désagréable de la jeune fille ; il ne la connaissait pas sous ce jour-là...

Armande continuant à bouder, il fallut se résoudre à se quitter et, au beau milieu des cris et des pétards de la fête, Marc et Armande reprirent la route de Saint-Christol.

Marc paraissait furieux et une ombre de tristesse voilait les yeux de Solange. Quant à Robert, il ne comprenait pas le caprice soudain de la jeune fille. Il ne voulait pas penser qu'elle s'ennuyait avec lui... Sa réflexion sur « ce pays perdu » ne lui avait pas échappé et lui faisait mal au cœur. Lui qui rêvait revenir, un jour, avec elle à la ferme ! Il était clair que rien, ici, n'intéressait Armande, et cela allait lui poser un gros problème...

« Bon, se consola-t-il, ce n'est qu'une gamine. Elle n'a pas vingt ans !... Cela lui passera ! »

Mais, tout au fond de lui, restait un poids très lourd qui ne voulait pas s'en aller et qui s'accentua encore quand, le soir, au souper, le père en verve lança à la cantonnade :

« D'où nous a-t-il sorti cette fille, Marc ? »

Robert se tint sur le qui-vive.

« Je ne pensais pas qu'il était attiré par les filles de ce genre.

— Quel genre ? riposta Robert vexé.

— Oh, un genre ? Plutôt le genre de la rue, si tu vois ce que je veux dire ! »

La mère renchérit :

« C'est vrai que toute cette peinture qu'elle se met aux yeux et sur la figure, ça la vieillit et ça lui donne plutôt mauvais genre ; puis, consciente du trouble de son fils, elle ajouta immédiatement : elle paraît jeunette, c'est peut-être ça… Sa mère aurait dû la conseiller ! »

La discussion s'arrêta là , mais Robert, en montant les escaliers de sa chambre, comprit qu'il n'était pas encore prêt à connaître le bonheur !

Cette nuit-là, il s'éveilla, trempé de sueur, se croyant au milieu d'une bataille. Les fellagas l'entouraient et il ne pouvait compter ni sur Marc ni sur les autres qui s'enfuyaient en courant l'abandonnant, seul, au milieu des ennemis…

XIV

La mort du père

LE PÈRE, toujours silencieux, travaillait au-delà de ses forces. Il se plaignait de rhumatismes, de vagues douleurs à l'estomac qui lui faisaient rejeter la nourriture, le soir surtout. La mère lui passait des onguents aux endroits douloureux, et il tombait comme une masse dans son lit pour se réveiller peu de temps après tordu par des crampes…

Tout cela ne plaisait pas à Robert. Il dit à sa mère :

« Papa n'a pas vu de docteur ?

— Oh si ! il en a vu. Pas ces derniers temps, mais l'hiver quand il a eu la grippe. Le médecin est venu trois fois.

— Oui, mais pour ces douleurs à l'estomac ?

— Tu connais ton père. Il se soigne avec des tisanes et accuse la fatigue. Mais toi, tu penses que c'est grave ? »

Robert vit que sa mère était inquiète. Il ajouta cependant :

« Je pense qu'il devrait consulter un docteur. C'est pas normal ces crises. Au moins, il le soulagerait ! »

La mère soupira et promit de faire tout son possible pour l'amener en consultation.

Quelques jours avant la fin des moissons, un matin, le père ne put se lever. Des douleurs d'une violence inouïe lui déchiraient la poitrine. Il était d'une pâleur de cendres et avait des nausées qui couvraient son front de sueur.

Le médecin consulté exigea l'hospitalisation immédiate, diagnostiquant une tumeur non soignée.

De Mende, le père fut envoyé à Montpellier pour une opération de la dernière chance.

En même temps, ils apprirent que la tumeur était cancéreuse et qu'il ne restait que peu d'espoir de le sauver.

Il y eut des hauts et des bas. Un retour à la maison pour quelques jours, mais les souffrances reprenant plus violentes, il fallut revenir à l'hôpital. En quelques mois, le malade s'affaiblit de plus en plus. Il ne s'alimentait plus et ne tenait que grâce aux perfusions.

La mort du père

Le père souffrit de longs jours avant que son cœur ne s'arrête de battre, un soir de fin juillet

Robert se reprocha fortement d'avoir abandonné son père et sa mère pour quelques paroles un peu dures et d'être parti, laissant les deux vieux seuls. La mère était effondrée. Certes, elle savait son mari malade mais avait toujours cru en son rétablissement. C'était un homme dur pour lui comme pour les autres et qui n'avait jamais souffert de maladie. Elle disait en s'essuyant les yeux :

« Moi qui étais toujours malade, alors qu'à lui, on aurait acheté la santé ! »

Gaby et Jeannine vinrent pour les obsèques et, le soir, réunis autour de la lampe, ils discutèrent tous quatre du devenir de la ferme.

Robert était le seul à pouvoir la reprendre et sa mère l'engageait vivement à le faire. Le jeune homme ne répondait rien, hésitant, non pas à cause du travail, mais il y avait Armande, même si personne encore n'était au courant ; pour lui, cette fille était sa future épouse et il craignait qu'elle ne veuille le suivre dans ce « pays perdu » comme elle disait avec mépris.

Jeannine, croyant faire plaisir à sa mère, lui proposa de la prendre chez elle :

« Tu peux venir chez moi. Tu me feras la cuisine et, elle hésita un peu, même si je me marie, André n'y verra pas d'inconvénients… »

La mère se dressa en colère :

« Il n'est pas question que je quitte cette maison. Elle est devenue la mienne le jour de mon mariage, et je veux y rester ! Faites ce que vous voudrez ; moi, je vais continuer, seule s'il le faut, à travailler cette terre comme je l'ai toujours fait... C'est ce qu'aurait voulu votre père... Je prendrai un domestique et je continuerai...

— Non, répliqua Robert, je vais rester. »

Robert sentit le soulagement que provoquait cette simple phrase. La mère poussa un grand soupir. Jeannine et Gaby ne dirent rien, mais leur visage parlait pour eux...

Robert n'eut pas la force de supporter leur soulagement. Il se leva et sortit dans le crépuscule mauve qui incendiait l'horizon. Il se dirigea vers le hangar du fond où, était remisé le tracteur, qu'il avait tant désiré. Il lui sourit. Quand on l'avait amené flambant neuf, luisant de tous ses chromes, il avait eu un instant de pur bonheur.

Aujourd'hui, le tracteur avait vieilli, ses chromes s'étaient ternis et sa fière allure du début commençait à accuser son âge... Il n'était plus aussi performant que ceux qui sortaient des usines, mais il avait encore de beaux restes. Tel quel, Robert l'aimait bien.

Il lui caressa les côtés, comme il l'eût fait à un animal, et murmura à mi-voix :

« Alors, mon vieux, il va falloir qu'on se réhabitue l'un à l'autre tous les deux ! »

Quand il sortit, la nuit était tout à fait tombée. Les étoiles frémissaient dans un ciel sans nuages et, levant la tête, le jeune homme admira un moment la beauté du firmament en songeant :

« Est-ce que je ne fais pas une bêtise ? Certes, je serai plus heureux, ici, que dans le Midi, mais Armande que va-t-elle penser de ma décision ? »

Alors s'imposa à son souvenir une moue boudeuse et un rire grinçant tandis que retentissaient ces paroles : « Mais que peut-on bien faire, ici, dans ce pays perdu ? »

XV

La foire de la Saint-Barthélemy

C'ÉTAIT LA FÊTE À ALÈS. C'était la foire de la Saint-Barthélemy, la plus grande foire de la région.

Depuis le temps où, à Paris, les protestants avaient été égorgés par les catholiques en cette nuit du 23 au 24 août, celle de la saint Barthélemy, carnage ordonné par la reine Catherine de Médicis, les Cévennes se souvenaient !

Leurs pères protestants, de la ville jusqu'aux plus lointains hameaux, étaient venus, à Alès, clamer leur colère pour avoir la liberté de pratiquer la religion de leur choix, défendant, sans le savoir, la liberté de conscience…

Protestants et catholiques, après bien des églises dévastées et de temples brûlés, vivaient maintenant en paix. Le commerce avait repris les traditions religieuses et la manifestation était devenue la foire la plus courue des alentours.

La petite ville cévenole regorgeait d'étalages tout le long de la rue d'Avéjan. Les boutiques des forains rivalisaient de tentations. Les bords du Gardon accueillaient de nombreux petits marchés et, aux environs de la gare, les toiles de tente ombrageaient les étals. La place de la mairie, où les voitures circulaient difficilement, était elle aussi totalement encombrée quand Marc, Robert et Madeleine la traversèrent à la recherche d'un parking.

« On aurait dû s'arrêter avant la ville », constata Marc sans savoir vers quel endroit se diriger. Madeleine opina, tandis que Robert, silencieux dans son coin, ne répondit pas.

Il était descendu aux aurores, cédant aux prières de Marc qui, le voyant bouleversé par la mort de son père et souffrant de la décision qu'il avait prise, et qui engageait son avenir, l'avait invité à venir voir cette foire si renommée.

Sa mère l'avait encouragé, lui assurant qu'on pouvait se passer de lui pour la journée et qu'une visite à la foire avec Marc lui ferait le plus grand bien.

Marc l'attendait et, après un déjeuner copieux, ils partirent pour la foire.

Mais Robert avait bien l'intention de rendre visite à Armande et, sitôt qu'il eut quitté la maison, il avait suggéré d'aller voir son ancien patron pour lui faire connaître sa décision de démissionner.

Pour aller là-bas, il fallait passer devant la maison de Madeleine, où Robert comptait bien s'arrêter. Marc ne fut pas dupe un seul instant, mais ne fit aucun commentaire.

Il sentait son ami si nerveux et si torturé qu'il n'avait pas osé parler.

Marc n'avait jamais vu d'un bon œil la liaison entre Robert et Armande, mais chaque fois qu'il avait essayé d'en parler à son ami, celui-ci était entré dans une violente colère ; alors il s'était tu, mais était persuadé que cette gamine mal élevée se moquait de Robert.

Robert était complètement aveuglé par l'amour pour ne pas l'avoir remarqué le dimanche où ils étaient montés en Lozère, quand la jeune fille avait boudé toute la journée.

Marc se demandait ce que Robert trouvait à cette fillette sans grâce, outrageusement maquillée, au corps à peine sorti de l'enfance et à l'arrogance sans égale.

Quand il la comparait à Solange, il se disait qu'elle ne lui arrivait pas à la cheville.

L'amour est aveugle, c'est bien connu, mais pour Robert, il était totalement fou !

Si encore cette fille tenait à lui ; mais Marc était persuadé qu'Armande se laissait courtiser par tous les garçons qui lui plaisaient et que Robert n'était qu'un parmi les autres.

Elle avait été flattée un moment qu'un beau garçon comme Robert perde la tête pour elle et n'avait pu résister à se laisser courtiser, mais il l'avait croisée, plusieurs fois, avec des garçons dans des attitudes pas très claires. Il y avait aussi ce garçon au teint basané et aux yeux de braise qui l'attendait le fameux dimanche où ils avaient dû descendre rapidement pour ne pas contrarier sa mère, ce jour-là, c'était avec lui qu'elle était partie et Marc avait senti une colère impuissante l'envahir… Il était peiné et furieux ; mais que pouvait-il faire, entre son ami, qui ne l'écoutait pas, et la frivolité d'Armande ?

Partis du mas, ils passèrent donc devant la maison de Madeleine, où tout semblait dormir. Ils ne s'y arrêtèrent pas et allèrent voir l'ancien patron de Robert. Celui-ci s'apprêtait pour la foire, il les reçut entre deux portes. Robert lui apprit la mort de son père et sa décision de rester à la ferme.

L'homme haussa les épaules. Il comprenait, bien sûr, mais cela l'ennuyait beaucoup : il avait formé Robert et comptait sur lui pour devenir chef des autres ouvriers. Il lui fit même miroiter une grande augmentation de salaire et un travail plus intéressant.

Robert refusa, et ils se quittèrent assez froidement.

« Il ne m'a promis tout ça que parce qu'il savait que je ne pouvais revenir, tu ne crois pas ? demanda-t-il à Marc.

— C'est bien possible. Il n'est pas réputé être très facile en affaires », répondit son ami.

Ils repassèrent devant chez Madeleine et, cette fois, tout était ouvert, alors ils s'arrêtèrent.

Quand ils entrèrent, Madeleine déjeunait seule à une table. Elle fut ravie de la venue des garçons et les invita à partager son repas. Ils refusèrent poliment disant qu'ils se rendaient à la foire. Madeleine leur demanda s'ils avaient une place et voulaient l'emmener, cela lui éviterait d'aller attendre le car.

Elle alla se préparer et les laissa seuls à la cuisine. Robert était nerveux. Il se leva et alla examiner les photos qui décoraient le buffet. Il y avait des clichés d'Armande enfant, de Madeleine jeune fille et, dans un grand cadre, une photo de famille avec divers visages que Robert ne reconnut pas. Il s'étonna :

« C'est bizarre, il n'y a pas son père ! »

Madeleine entra à ce moment-là et entendit la question.

« Vous cherchez le père d'Armande ? Inutile, il n'est pas là ! »

Robert rougit jusqu'aux oreilles et balbutia :

« Madame, je… »

Madeleine éclata de rire, regarda les jeunes gens et continua :

« Vous êtes assez grands pour que je vous dise ce que chacun sait plus ou moins, ici. Armande est née de père inconnu. »

Les deux garçons ne savaient quelle contenance prendre, mais la jeune femme, très à l'aise, ignorant leur gêne, continua :

« Pour moi, bien entendu, ce n'est pas un inconnu, mais Armande ne l'a jamais vu. Nous n'étions pas mariés. Ce fut une erreur de jeunesse. Je ne sais ce qu'il est devenu et je m'en fiche ! Qu'il reste où il est, nous n'en avons nul besoin ! »

Elle ajouta voyant l'ahurissement des garçons :

« Vous ne le saviez pas ? »

Ils firent « non » de la tête.

« Pourtant cela se chuchote dans le pays. Je dis que je suis veuve, c'est plus convenable, mais je me moque des convenances, alors que tout le monde le sache, je m'en fiche. Je reçois tous les amis que je veux. Je suis libre… Voilà, voulez-vous, malgré tout, de ma compagnie ? »

Les jeunes gens sourirent, et ils embarquèrent tous les trois pour aller à la foire.

« Où est Armande ? demanda Marc, devançant la question de Robert.

— Vous vous intéressez bien à elle, mon petit Marc ! Vous l'avez emmenée en Lozère, maintenant vous me demandez où elle est ! Je vais finir par me poser des questions.

— Mais non, Madeleine, vous savez bien qu'Armande est seulement une amie… Je suis fiancé avec Solange.

— Oui, oui, je sais, je vous taquinais. D'autant plus qu'Armande est jeune. Elle ne sait pas se fixer. Elle court tantôt avec l'un tantôt avec l'autre… Comme je lui dis, il faut en fréquenter beaucoup pour trouver le bon. Elle a bien le temps ! »

Les garçons ne répondirent pas. Robert pensa que Madeleine, sans l'interpeller, lui faisait comprendre qu'Armande n'était pas sa propriété exclusive ; il pensa aussi à son « pays perdu » et se renfrogna dans son coin.

Cependant, grâce à un agent de police, Marc était arrivé à sortir de la cohue et même de la ville.

Il trouva une place dans une rue éloignée du centre et s'excusa de les avoir amenés si loin.

« C'est plutôt vous, Marc, qui êtes à plaindre », constata Madeleine en jetant un regard de pitié à la jambe du jeune homme.

Elle s'éloigna rapidement tandis que Robert murmurait « salope ! »

Ils se dirigèrent vers la foire en flânant et n'étaient pas pressés de se mêler aux badauds. Ils s'arrêtèrent devant un marchand de machines agricoles qui avait exposé tracteurs et matériel sur la place. Beaucoup de cultivateurs tournaient autour des engins, les touchaient, discutaient entre eux, avant de se voir accostés par un vendeur qui leur expliquait le maniement des machines et leur en faisait remarquer les dernières nouveautés.

Robert, fortement intéressé, relevait les perfectionnements apparus sur les tracteurs modernes. Il inspecta aussi les botteleuses, moissonneuses-batteuses, machines à vendanger et autres accessoires dont il aurait probablement besoin maintenant qu'il serait seul avec sa mère.

Marc suivait docilement mais sans beaucoup s'intéresser à toute cette mécanique. Robert s'en aperçut et, à regret, quitta l'exposition pour continuer la route vers la foire.

Après les marchands de tissus, qui n'obtinrent guère de succès auprès des deux garçons, ils arrivèrent devant un magasin de disques. Ils écoutèrent les rengaines à la mode que le vendeur faisait hurler à pleine voix. Ils fouillèrent dans l'étalage et Marc, qui avait un tourne-disque, choisit quelques chansons de Brassens qu'il adorait.

La promenade continua par le centre-ville, où des camelots vantaient haut et fort leurs marchandises à grands renforts de cris.

La cohue était indescriptible. Les gens se frayaient un passage en bousculant à droite et à gauche ceux qui venaient en sens inverse.

Marc traînait la jambe, et ils furent obligés de s'asseoir à la terrasse d'un café pour lui permettre de se reposer.

« Que de monde, s'exclama Robert en se laissant tomber sur un fauteuil, à l'ombre des platanes, tout le pays doit être là !

— Tu ne crois pas si bien dire. Tous ceux qui le peuvent viennent à cette foire, c'est sacré ! Si tu veux, on peut aller voir le bétail, c'est de l'autre côté. »

Ils se dirigèrent vers le foirail des bêtes. Robert s'intéressa aux vaches, négligeant les ovins et même les chevaux qui, pourtant, étaient nombreux. Quand ils revinrent au centre-ville, il était midi passé et leurs promenades à travers le ville avaient aiguisé leur appétit.

Ils cherchèrent une place dans les restaurants. Tous regorgeaient de monde, et ils crurent, un moment, qu'ils ne pourraient manger.

Enfin, dans un coin de rue isolée, une petite auberge accepta de les prendre. Une bonne, à peine sortie de l'enfance, vint débarrasser la table, remit une nappe rouge et leur annonça qu'à cause de la foire il y avait un menu unique : crudités, daube, fromage et dessert.

Contents d'avoir trouvé à se restaurer, ils ne firent pas les difficiles, mangèrent de bon appétit, commandèrent un café qui arriva tiède, payèrent l'additions et restèrent paresser un peu en fumant une cigarette.

Alors qu'ils se levaient pour retourner à la foire, Robert, levant les yeux, aperçut Armande. Elle s'appuyait tendrement contre un jeune homme hâlé qui lui avait passé le bras sur l'épaule. Ils se regardaient dans les yeux et ne virent pas Robert.

Celui-ci posa sa main sur le bras de Marc en lui désignant le couple. Aucun des deux ne bougea. Robert était devenu tout pâle et ses doigts se crispaient sur la manche de Marc.

Ils ne dirent pas un mot, mais quand les amoureux eurent disparu au coin de la rue, ils se levèrent et, de loin en loin, les suivirent.

Au bout de quelques minutes, Marc s'arrêta :

« Tu crois que ça va servir à quelque chose de les suivre ?

— Je veux savoir où elle va ! »

Marc haussa les épaules et ils continuèrent. Ils revinrent sur la place et descendirent la rue. La foule était moins dense. Ils se faufilèrent le long des étalages et, tout à coup, les perdirent de vue. Ils revinrent sur leurs pas, rien !

« Ils n'ont pas pu disparaître ! », s'exclama Robert dépité.

Marc s'arrêta tout à coup et désigna à Robert un vendeur de poupées et d'ours en peluche dans lequel Robert reconnut le jeune homme qui accompagnait Armande.

Ils s'approchèrent, firent mine d'examiner l'étalage, mais n'aperçurent pas Armande. Ils firent un tour, revinrent ; toujours rien… La jeune fille demeura invisible.

Ils descendirent alors sur les bords de Gardon où se trouvait un bric-à-brac d'objets plus hétéroclites les uns que les autres.

Cela allait des vieux clous, des fers à chevaux rouillés jusqu'à des machines introuvables et compliquées. Ils fouillèrent un moment parmi ces vieilleries tout en devisant. De temps en temps, Robert s'arrêtait et scrutait les passants mais sans jamais reconnaître la moindre connaissance.

Alors qu'ils ne s'y attendaient plus, ils tombèrent nez à nez avec Armande, qui flânait, elle aussi, parmi les étalages. Elle fut charmante, les embrassa gentiment et leur dit que sa mère lui avait parlé de leur présence à la foire. Elle demanda à Robert s'il restait quelques jours et afficha un instant une moue en entendant qu'il partait le soir même.

Robert se reprenait à espérer tandis que Marc la regardait d'un œil furieux. Elle fit quelques pas avec eux, se rapprochant de Robert pour lui demander des nouvelles de sa mère et de sa famille, ce qui étonna beaucoup le jeune homme.

Elle paraissait ravie de le retrouver. Marc n'en croyait pas ses yeux. Robert, lui, pensait qu'Armande était bien jeune et que, de temps en temps, elle avait encore besoin de s'amuser, mais il se disait aussi qu'il ne fallait plus tarder à la décider pour qu'elle soit toute à lui.

Son cœur pourtant pesait lourd dans sa poitrine. Il n'osa pas lui demander quel était ce jeune homme qui la serrait si tendrement, bien que la question lui brûlât les lèvres…

Ils se séparèrent bons amis et, quand Robert reprit la route, il se sentait fatigué mais, devant ses yeux, passait sans cesse le regard ravi d'Armande quand elle l'avait rencontrée.

XVI

Le baptême de Catherine

TROIS ANS PASSÈRENT ENCORE qui apportèrent bien des changements dans la vie de Robert. Il s'était totalement investi dans la ferme en espérant qu'Armande verrait d'un bon œil une agriculture moderne. Aidé de Raymond, il avait refait tout l'intérieur de la maison. Maintenant, les chambres avaient des parquets cirés, un revêtement recouvrait le sol de la cuisine, où se trouvait un lave-linge et une cuisinière moderne.

Il avait pris un bout du long couloir qui servait de débarras pour y construire une salle d'eau avec baignoire et lavabo. À côté, les w.-c. avaient simplifié la vie. La mère en était ravie. Pour qu'Armande soit tout à fait conquise, il avait partagé l'immense grande salle campagnarde et, à côté de la cuisine, il avait ménagé une salle de séjour-salon qui avait fait pousser de hauts cris à la mère :

« Mais tu es fou ! Comment vas-tu payer tout cela ? Le lave-linge, le cabinet, la salle d'eau et la cuisine, je veux bien, mais le reste, c'est du luxe et nous ne sommes pas des bourgeois ! Que vont dire les gens ? Si ton père voit ça, il va se retourner dans sa tombe, tant de gaspillage !

— Maman, lui avait-il répondu, tu as voulu que je reste. Un jour la ferme m'appartiendra, alors, laisse-moi faire à mon idée ! »

La pauvre femme, vaincue, n'avait rien osé rétorquer, mais, au fond d'elle-même, elle ne pouvait s'empêcher de critiquer les goûts de luxe de son fils.

« Ah, soupirait-elle en secret, mais comment est-il devenu ! Il n'était pas comme ça autrefois. »

Cependant, les efforts de Robert avaient été vains. Armande n'était jamais montée voir les transformations de la maison malgré toutes les invitations du jeune homme.

Elle avait longtemps tergiversé, ne répondant que rarement à ses lettres, se disant trop prise par son travail pour monter en Lozère… En effet, depuis quelque temps, elle travaillait à une usine de pantoufles à Saint-Christol.

Robert aurait voulu descendre lui faire une visite, mais la jeune fille se faisait prier pour le recevoir, disant que sa mère n'était pas au courant et qu'elle devait l'avertir. Robert n'en croyait pas un mot mais faisait semblant de peur de couper le fragile lien qu'il y avait encore entre eux. Il se refusait à voir l'évidence.

Marc, avec beaucoup de précautions, lui avait suggéré qu'Armande avait peut-être quelqu'un d'autre, mais Robert ne s'était pas arrêté à cette idée.

Pour lui, Armande était trop jeune et avait peur de s'engager trop avant. Enfin, elle redoutait de venir s'enterrer à la campagne. Tout cela, espérait-il, lui passerait en prenant de l'âge, mais, pour le moment, il fallait attendre.

Entre-temps, Jeannine s'était mariée et Gaby remplaçait de plus en plus son patron qui vieillissait. Gino parlait de lui céder l'affaire, mais Gaby avait d'autres ambitions. Il s'était spécialisé dans les tracteurs et machines agricoles, et songeait à ouvrir, pour les agriculteurs du coin, un véritable magasin avec des engins neufs, des échanges et des réparations. Seul lui manquait le financement, mais il espérait bien y arriver. Il était motivé, et Robert ne doutait pas qu'il ne le réalisât.

Marc et Solange aussi s'étaient mariés à Badaroux. À cette occasion, Robert et Armande avaient été invités, mais la jeune fille n'avait pu y répondre, sa mère souffrant d'une violente crise de rhumatismes. Marc n'avait rien dit de ce refus, mais avait glissé à l'oreille de Solange :

« Sa mère va bien, c'est elle qui ne veut pas revoir Robert ! »

Tout avait basculé dix-huit mois après le mariage, au baptême de la petite Catherine, la fille de Solange et de Marc, il y avait un an maintenant.

Robert était le parrain de la petite fille et était descendu à Saint-Christol, où avait lieu les baptême. Il était ravi de ce jour de vacances qui lui permettait de s'évader de la grisaille quotidienne. Il était content d'avoir été choisi comme parrain. Il se sentait pardonné par Solange, et cela le soulageait d'un grand poids. Il pensait surtout revoir Armande et avoir une conversation sérieuse avec elle. Il se disait qu'elle ne pouvait rester insensible à tout ce qu'il avait préparé pour elle. C'était, pensait-il, la dernière ligne droite. Il allait enfin épouser sa bien-aimée et l'amener à la maison créée pour elle.

La fête avait eu lieu au mas chez les parents de Marc, que Robert avait été heureux de revoir, ainsi que de faire la connaissance de Sabine, la femme de Georges.

Tout s'était passé à merveille. Même si Robert fut déçu de ne pas voir Armande, il profita pleinement de la journée.

Avant de remonter, il eut l'idée d'aller faire un tour par chez Madeleine, la mère d'Armande. Sur le chemin, il rencontra Damien. Il le fit monter et le garçon, ravi, lui raconta par le menu le travail qu'il faisait.

Robert essaya de le faire parler d'Armande, mais l'autre ne jurait que par Madeleine, Armande étant, selon lui, une gamine gâtée qui n'en faisait qu'à sa tête, désespérant Madeleine. Quand ils arrivèrent, une voiture rutilante trônait dans la petite cour et fit s'exclamer Robert :

« Tiens, Madeleine a une voiture !

— Mais non, c'est celle de Paul ! » répliqua Damien.

Robert dut se contenter de cette réponse. Visiblement le garçon connaissait Paul, mais ne savait pas qui il était.

Ils entrèrent et trouvèrent la maîtresse de maison en train de préparer le repas du soir. Madeleine fut heureuse de revoir Robert, le fit asseoir et lui versa un apéritif.

Tout en allant et venant, elle faisait parler le garçon et, de temps en temps, prenait une chaise et passait cinq minutes en sa compagnie en le regardant comme s'il était un sauveur.

Robert se voyant si bien reçu, s'enhardit et demanda des nouvelles d'Armande. Madeleine répondit brièvement qu'elle était sortie, mais qu'elle allait rentrer pour le souper. Robert décida de l'attendre.

La soirée se traînait. Robert commençait à trouver le temps long, mais Madeleine paraissait ravie.

Elle s'approchait de plus en plus de lui, redressait sa cravate, laissant sa main s'attarder sur son bras et, sous prétexte de lui verser à boire, le frôlait intentionnellement.

Au début, Robert ne remarqua rien, mais les gestes et les mimiques devenant plus précis, il finit par s'en inquiéter.

Bien sûr, Madeleine avait encore de beaux restes, et elle semblait ignorer l'idylle qui le liait à Armande, mais, tout de même, elle avait bien dix ans de plus que lui et la présence de Damien ne la gênait en aucune manière. Qu'allait-elle s'imaginer ?

L'arrivée d'Armande le tira d'embarras. La jeune fille apparut à la porte, donnant la main à un jeune homme à peine plus âgé qu'elle. Le sang de Robert ne fit qu'un tour et il crut qu'on lui enfonçait un fer rouge dans la poitrine.

« Ah ! vous voilà, dit la mère comme à regret, les autres ne viennent pas ? »

Armande haussa les épaules, souhaita rapidement la bienvenue à Robert et partit dans sa chambre.

Madeleine insista lourdement pour garder le jeune homme à souper, mais il prétexta le chemin à faire et partit non sans avoir entendu Madeleine lui présenter Lambert, le fils d'un vigneron du coin dont Robert se souvenait vaguement.

Madeleine accompagna Robert jusqu'à sa voiture et lui glissa en confidence :

« Je crois que la petite va bientôt épouser ce Lambert. Après, si tu en as envie, descends un peu. J'aurais beaucoup de plaisir à te recevoir. »

Le jeune homme ne répondit pas. Il démarra sèchement et se lança sur la route comme s'il avait le diable à ses trousses.

La deux-chevaux dévorait les kilomètres malgré les virages et la nuit, maintenant tout à fait tombée. Robert ne s'en apercevait pas. Il ne pensait pas, il roulait, il roulait avec, au fond du cœur, un abîme qui se creusait, se creusait et le dévorait vivant comme si une bête le rongeait.

Il traversa Alès, continua sur Jalcreste sans prendre garde au brouillard qui, insidieusement, engloutissait les vallées. Le ronronnement régulier de la voiture l'excédait. Il pressa le pied sur l'accélérateur, mais la deux-chevaux faisait du surplace, lui semblait-il. Il doubla plusieurs automobiles bien plus grosses que la sienne…

Certains véhicules qu'il croisait lui faisaient des appels de phares, d'autres le klaxonnaient quand il était bien trop à gauche, mais rien n'y faisait, il ne réduisait pas sa vitesse.

Brusquement, à la sortie d'un virage, il se trouva nez à nez avec un camion qui descendait lentement la côte. Pris de court, il donna un brusque coup de volant pour se serrer à droite et glissa dans le fossé.

Le conducteur, un colosse de près de deux mètres, sortit en se frappant le front :

« Tu veux mourir ou quoi ? Si j'étais allé un peu vite, je t'écrabouillais. Ça va pas ? »

Robert riposta vertement :

« C'est vous qui tenez toute la route avec votre engin !

— Ah oui, je tiens toute la route ? Regarde où il est ton coup de frein ! »

Effectivement, une traînée noirâtre dépassait largement le milieu de la chaussée.

Le chauffeur s'approcha de la deux-chevaux et la regarda :

« Enfin, pour cette fois, plus de peur que de mal. Mais si tu continues, avec le brouillard qui monte, tu vas t'abîmer pour de bon ! »

Il aida Robert à remettre la voiture sur la route, fit revenir l'aile de devant et haussa les épaules :

« Ça va, tu peux rouler, mais ralentis, conseil d'ami ! »

Robert reprit enfin ses esprits. Il remercia l'homme et entama la montée plus lentement.

Pourtant, tout au fond de lui, ce grand vide se creusait toujours et, bizarrement, un poids l'empêchait de respirer.

Parvenu au sommet de la côte, il s'arrêta dans la nuit profonde, contempla les étoiles et, sans songer à rien, se mit à griller une cigarette. C'est quand il voulut l'allumer qu'il s'aperçut que ses mains tremblaient.

XVII

Une visite

LES ÉVÉNEMENTS D'ALGÉRIE se compliquaient encore. Le gouvernement essayait d'instaurer la paix. Il traitait avec les rebelles, mais les Français d'Algérie que l'on appelait les pieds-noirs, craignant que la France n'abandonne le territoire où ils avaient toujours vécu, se soulevèrent en compagnie d'une poignée de généraux — un quarteron, disait De Gaulle — et formèrent une insurrection qui dura plusieurs jours.

La situation se dénoua, mais des attentats éclatèrent en plusieurs endroits de la capitale.

Robert et sa mère suivirent attentivement les événements avec des sentiments différents. La mère, qui ne quittait pas les abords du poste de radio, considérait que cette sale guerre avait assez duré et pensait à toutes les mères qui, comme elle, tremblaient tous les jours pour leurs enfants.

Robert soutenait qu'il n'aurait pas fallu commencer la guerre, que c'était une cause perdue d'avance comme l'avait été l'Indochine quelques années plus tôt. Il était surtout très irrité de voir tous les jeunes de sa génération avoir sacrifié deux ans de leur jeunesse et quelquefois leur vie pour rien, absolument pour rien !

Quand il se sentait gagné par la rancœur, il partait avec son tracteur et fauchait avec rage, au printemps, l'herbe fleurie ; puis, en été, les moissons blondes pour oublier ces souvenirs de là-bas, qui ne voulaient pas mourir et qui, depuis l'abandon d'Armande, revenaient en foule s'imposer à son esprit.

Un jour, il se surprenait à penser aux champs d'oliviers avec leur feuillage clair sous le soleil ; le lendemain, c'était le crapahutage dans le maquis et la traversée d'un champ de blé qui lui revenaient à la mémoire.

D'autres fois, il revoyait les femmes au visage voilé ou les hommes barbus, qui surveillaient du coin de l'œil. Il entendait le hurlement des coyotes, les nuits de pleine lune. Ses cheveux se hérissaient encore quand il revivait les gardes de nuit dans la campagne sombre et silencieuse à guetter le moindre bruit. La peur qui le saisissait alors lui faisait, malgré le froid, couler la sueur dans le dos…

Ce jour-là, il pleuvait. Robert hésita : irait-il porter sa mère jusqu'à Mende comme elle le lui demandait depuis quelque temps déjà ou réparerait-il ce pan de mur que les gelées du dernier hiver avaient mis à mal ?

Il n'avait pas encore décidé quand il aperçut Louisou qui remontait le chemin en sifflant. Il eut envie de rentrer pour ne pas le rencontrer. Depuis qu'il avait rompu avec Armande et qu'il vivait seul avec sa mère, il prenait des manies de vieux garçon renfermé et fuyait la compagnie, ne se plaisant que dans les champs ou avec ses animaux. Il devenait un véritable sauvage et, quand il se donnait la peine d'y penser, cela le tracassait.

Louisou prévint son geste et lui cria :

« Eh, ne te sauve pas ! Ma parole, mais tu deviens un vrai sauvage ! »

Lui, dans son veston bleu, la cigarette à la bouche, les pieds traînant dans de vieilles savates, semblait nager dans le bonheur. « Et pourtant, songeait Robert en le voyant approcher, il n'a guère plus de chance que moi : son père le fait marcher au doigt et à l'œil ; il n'a pas d'argent et une ferme plus petite que la mienne… »

« Je me demande, dit-il tout haut, comment tu fais pour être toujours content !

— Mon vieux, je prends le temps comme il vient et les hommes comme ils sont. Crois-moi, c'est le secret du bonheur ! »

Robert sourit. Ce n'était pas la première fois que le garçon s'exprimait ainsi. Tout le monde savait qu'il avait un fond d'optimisme qui défiait tout ce qu'on pouvait s'imaginer.

Robert allait répondre quand son attention fut attirée par deux hommes qui, à leur tour, arrivaient par le chemin.

De type nord-africain prononcé, ils étaient étrangers au pays et Robert, sur le moment, ne sut qu'en penser.

Louisou se retourna et aperçut les arrivants.

« Qu'est-ce que c'est que ça ? », dit-il, à mi-voix, en les regardant approcher.

Les deux hommes s'avancèrent vers eux. L'un d'entre eux était un tout jeune homme : seize ou dix-sept ans, pensa Robert ; l'autre, d'âge mûr, portait une moustache et ses cheveux commençaient à s'argenter aux tempes.

« Nous cherchons Robert Baudouin, dit le plus âgé en regardant les deux jeunes gens.

— C'est moi, répondit Robert, que me voulez-vous ? »

Il répondit assez rudement, se disant qu'il n'avait rien à faire avec ces gens-là.

« C'est vous qui étiez en garnison près du douar où nous habitions ? »

Robert haussa les épaules :

« Je n'étais pas très loin d'Alger, à la campagne, on dominait un douar de là où nous campions, mais vous dire si c'était le vôtre, ça, c'est une autre histoire… »

Il les regarda attentivement et ajouta méfiant :

« Mais pourquoi venez-vous me voir ?

— Vous ne me reconnaissez pas ? »

C'était le plus jeune qui avait parlé. Il se tenait debout devant Robert et le regardait avec attention. Robert fixa son interlocuteur, le contempla des pieds à la tête, puis haussa les épaules. Non, ce jeune homme ne lui rappelait personne. Il fouilla sa mémoire, mais ne se souvint d'aucun jeune de ce genre qu'il aurait rencontré en Algérie ou ailleurs.

« Non, je ne vois pas, leur dit-il.

— Je suis Ahmed », dit le jeune dans un sourire.

Les souvenirs, maintenant, lui revenaient en foule : le petit Ahmed auquel il avait essayé d'apprendre à lire… Le petit Ahmed venant quêter quelques restes de nourriture… Le petit Ahmed serrant un de ses cadeaux pour lui dans ses mains poisseuses…

Il sourit :

« Je ne risquais pas de te reconnaître, tu as tellement changé ! Tu n'étais qu'un gamin ; maintenant, tu es devenu un homme.

— Moi, dit le plus âgé, je suis son père. »

Robert réfléchit, mais ne se rappela pas avoir jamais eu le moindre contact avec le père. Il lui jeta un coup d'œil et se tourna vers Ahmed :

« Qu'est-ce que tu fais ici ? »

Ce fut le père qui répondit :

« On est venus te revoir. Depuis qu'on est en France, Ahmed cherche à te retrouver. Alors, je me suis renseigné. Cela n'a pas été toujours facile, mais j'y suis arrivé et nous voilà.

— Vous vivez en France ?

— Eh oui. La guerre a tout détruit par chez nous. Il n'y a plus rien pour les moutons... Alors, on est venus chercher de travail par ici. »

Robert ne répondit pas. Il essayait de retrouver, dans cet adolescent, les traits du petit garçon qui l'avait distrait de sa solitude dans les montagnes de l'Atlas, qui restaient gravées dans sa mémoire, mais rien de familier ne transparaissait sur ce visage inexpressif.

« Vous travaillez par ici ? demanda-t-il poliment.

— Non, nous sommes à Paris », répliqua le père.

Il ajouta précipitamment :

« Nous avons profité des vacances pour vous faire une visite. »

Robert trouvait cette rencontre de plus en plus étrange, mais il crut de son devoir de faire entrer ces hommes. Ils le suivirent dans la cuisine, où il les présenta à sa mère. Quand elle eut appris de qui il s'agissait, la mère s'exclama :

« Ah ! mais c'est le petit garçon dont tu nous avais parlé et auquel tu apprenais à écrire. »

Le plus jeune inclina la tête tandis que son père approuvait.

« Oui, madame, nous venons lui rendre visite pour le remercier de ce qu'il a fait pour mon fils.

— Oh ! je n'ai pas fait grand-chose », se défendit Robert.

La mère les fit asseoir à la table et leur proposa une tasse de café, qu'ils acceptèrent sans se faire prier.

Robert cherchait des mots pour amorcer la conversation, mais ne trouvait rien à leur dire. De leur côté, les deux hommes n'étaient guère plus loquaces.

La mère apporta le café qu'ils burent en silence mais refusèrent les gâteaux qu'elle leur proposa.

La vieille horloge avec son tic-tac régulier semblait, seule, égrener le temps. Robert s'enhardit :

« C'est toujours pareil, en Algérie ?

— On ne sait pas. On n'a pas de nouvelles de là-bas.

— Vous vivez en France depuis longtemps ?

— Oui, depuis quelque temps », répondit le vieux avec réticence.

Robert se disait que, s'il continuait à poser des questions, il aurait l'air d'un policier qui fait une enquête ; pourtant que dire devant ces hommes quasi muets ? Il continua :

« Vous avez amené votre famille en France ?

— Oh ! non, c'est trop loin. Et puis il y a des petits. Ahmed est l'aîné, répondit le père avec fierté. Il y en a encore six à la maison. Ici, c'est trop difficile pour se loger… On retournera au pays, plus tard.

— Vous travaillez en usine ? »

Les deux hommes se regardèrent, hésitèrent. Finalement, le vieux déclara :

« Moi, je travaille à la Ville de Paris. Ahmed ne travaille pas.

— Il est à l'école ?

— Non, non, il m'aide à la maison. »

La mère insista pour leur offrir d'autre café et les invita même à partager leur repas.

Les deux hommes refusèrent courtoisement, remercièrent pour l'accueil et, après avoir exprimé leur satisfaction d'avoir pu rencontrer Robert, repartirent aussi simplement qu'ils étaient arrivés.

Robert les accompagna jusqu'à leur voiture, une assez belle DS, et les regarda partir vers la ville.

Robert resta étonné de cette visite. Il se demandait pourquoi les deux hommes l'avaient cherché pour ne lui dire que quelques mots d'une insignifiance si banale. Pendant quelque temps, cela l'intrigua fort, puis le temps passa, les bourrasques d'automne se firent plus cinglantes, les feuilles partirent au bras du vent, les labours commencèrent et Robert oublia Ahmed et son père.

XVIII

Le départ de la mère

L'AUTOMNE FUT MARQUÉ PAR LA VISITE, en Lozère, du général De Gaulle. Le syndicat fit savoir à ses adhérents de boycotter le passage du chef de l'État, mais Robert avait fortement envie de voir l'homme qui avait libéré la France en 1944 et dont tout le monde parlait.

Il devait passer à Rouffiac, venant de Mende et filant vers le Gard. Robert s'y rendit, mêlé aux quelques personnes qui entouraient les membres du conseil municipal, au grand complet, et les anciens combattants qui se tenaient sur les bords de la route, où l'on avait planté une ramée.

Deux rangées de pins ornés de roses décoraient l'entrée du village, et le maire, ceint de son écharpe tricolore, paraissait nerveux.

La Citroën noire arriva, ralentit, s'arrêta. Le général en descendit, suivi par des gardes de corps et du ministre Edgard Pisani, qui écartait les branches de pin pour laisser passer le président de la République. Une petite fille offrit un bouquet au général, qui se pencha pour l'embrasser. Quand il se releva, Robert fut impressionné par sa haute taille.

De Gaulle s'avança et toucha la main au maire, aux conseillers et aux anciens combattants, tandis qu'autour de lui les gens applaudissaient. Le maire exprima sa satisfaction de recevoir le président et lui souhaita la bienvenue. Le général répondit brièvement, et ce fut tout.

De Gaulle remonta en voiture et partit en direction de Florac.

Quelques jours après, de retour à Paris, De Gaulle échappait à l'attentat du Petit-Clamart… Le pays bougeait. Partisans et adversaires de l'Algérie française faisaient des concerts de klaxons sur les Champs-Élysées. Les nuits étaient illuminées par les explosions qui effrayaient les villes et divisaient la France, faisant de nombreuses victimes. Un calme précaire régnait.

L'automne arrivait et, avec lui, la saison des regains, et il fallait aider ceux qui étaient en retard.

Tant de travail empêcha Robert de trop songer à tous ces événements.

Le 17 octobre, le FLN et ses partisans organisèrent une manifestation dans les rues de Paris.

Robert en fut bouleversé. Certes, il comprenait que les Algériens demandent leur indépendance, mais ce qu'il ne pouvait admettre c'est que des Français aident les rebelles en leur fournissant des armes et provoquent ainsi la mort de soldats français.

Penché sur le poste radio, il écouta toute la journée ce qui se passait à Paris. Il apprit que la police avait dispersé les manifestants et qu'il y avait des morts.

« Ça ne suffisait pas, se dit-il, qu'on envoie des jeunes se faire tuer là-bas ; il faut, maintenant, que la guerre arrive chez nous ! Qu'on fasse la paix et qu'on en finisse, il y a assez longtemps que ça dure ! »

La mère aussi se désespérait de voir le pays se diviser et devenir la proie des divers partis prônant tantôt une chose, tantôt le contraire.

Un soir de novembre, alors qu'il rentrait de l'étable, où il avait soigné les animaux et procédé à la traite, Robert trouva sa mère allongée près de la cuisinière, la casserole de soupe qu'elle s'apprêtait à faire chauffer renversée à ses côtés…

Elle avait succombé à une crise cardiaque, comme le constata le médecin appelé en urgence.

Celui-ci, devant le désespoir de Robert, lui assura que, même s'il avait été à ses côtés, il n'aurait rien pu empêcher. Le jeune homme ne le crut qu'à moitié et se dit qu'accaparé par ses propres soucis, il ne s'était pas assez occupé de sa mère.

Jeannine et Gaby tentèrent de lui expliquer, avec douceur, que leur mère n'avait pas souffert, qu'elle avait été heureuse de l'avoir près d'elle. Le plus grand des plaisirs qu'il lui avait fait, lui dirent-ils, c'était d'être revenu sur la ferme. Pour elle, c'était la place de Robert, et elle était morte en paix car tout était rentré dans l'ordre.

Ses voisins l'entourèrent du mieux qu'ils purent, rien n'y fit, le jeune homme était persuadé que tout était de sa faute.

Après les obsèques, Robert se retrouva très seul. Il approchait de trente ans et, avec la mort de sa mère, il voyait disparaître à jamais sa jeunesse insouciante.

La fille qu'il avait aimée l'avait trahi. Il pensa alors à Madeleine, la mère d'Armande. Ce serait bon de se laisser dorloter, de tout laisser tomber et de vivre sans souci entre ses bras.

Un reste de fierté en même temps que le souvenir de sa mère le retint, et il continua solitaire son bonhomme de chemin sans songer au lendemain.

Pourtant la maison était grande ! Robert s'obstinait à tenir. Sa sœur Jeannine, son beau-frère André et leurs deux enfants venaient souvent le rejoindre pour l'aider à classer les papiers. En leur compagnie, le jeune homme se sentait revivre, mais, quand il se retrouvait seul, il errait dans la cuisine à la recherche du moindre ustensile.

Habitué à laisser sa mère et sa sœur s'occuper des repas, il ne s'était jamais préoccupé d'apprendre la moindre notion de cuisine. À la rigueur, il pouvait cuire un œuf, faire une poêlée de pommes de terre, mais des plats aussi simples qu'une bonne soupe de légumes lui avaient longtemps posé problème.

Maintenant, grâce aux conseils des voisines, il avait appris à faire la sauce de la salade, à cuire les macaronis et même à mijoter quelques morceaux de viande.

Certes, tout n'était pas parfait : trop cuite, attachée, fade, sans goût, la nourriture était tout juste mangeable. Peu à peu, cependant, elle s'améliorait et Robert se disait qu'il finirait par devenir un fin cordon-bleu…

XIX

Accusé

CE JOUR-LÀ, Robert épluchait des pommes de terre pour ajouter à un ragoût qui embaumait la cuisine, quand on frappa à la porte.

« Entrez », cria-t-il, se demandant qui pouvait venir en cette paisible matinée.

À sa grande surprise, il vit apparaître deux gendarmes. « Allons bon, pensa-t-il, je ne vais quand même pas être rappelé ! »

Il se leva, les fit entrer et attendit.

Les deux hommes demandèrent la permission de s'asseoir, s'installèrent à la table et sortirent des papiers. Robert s'interrogeait sur ce qu'ils pouvaient lui vouloir quand l'un des deux lui demanda son nom, le nom de ses parents. L'autre transcrivait ce qu'il répondait sans commentaire.

Ensuite, ils l'interrogèrent sur sa campagne d'Algérie. De plus en plus étonné, le jeune homme essayait de comprendre ce que signifiaient toutes ces questions.

Les gendarmes voulaient savoir s'il connaissait quelqu'un en Algérie, s'il y était retourné depuis sa libération, s'il entretenait des relations avec quelqu'un, là-bas... Ils lui posèrent beaucoup de questions sur tout cela.

Robert leur expliqua qu'il n'avait plus eu de contacts avec quiconque depuis qu'il était revenu, sauf avec Marc. Les gendarmes se renseignèrent sur Marc, puis continuèrent à l'interroger sur les divers Algériens qu'il connaissait. Robert avoua n'en connaître aucun.

« Vous mentez, lui dit l'un des hommes, nous savons que vous avez des contacts avec des fellagas notoires. »

La foudre fut tombée aux pieds du jeune homme qu'il n'eût pas été plus sidéré. Abasourdi, il éclata de rire :

« Vous vous moquez de moi ! Les seuls contacts que j'ai eus avec des fellagas, c'est dans les accrochages et je vous jure que je m'en serais bien passé !

— Pourtant, vous avez reçu, ici, chez vous, deux hommes recherchés par la police. »

Alors, Robert se rappela la visite d'Ahmed et de son père.

« Ah ! dit-il, je me souviens, maintenant. L'été dernier, un garçon que j'avais connu en Algérie est venu me voir avec son père.

— Ah voilà ! Comment s'appelait-il ?

— Le gosse, enfin le fils, s'appelle Ahmed. Je ne sais pas son nom de famille et j'ignore le prénom du père.

— Pourquoi venaient-ils vous voir ?

— Je n'en sais rien. Une visite de politesse.

— De politesse ? Vraiment ? Huit ans après ? »

Robert ne répondit pas, il se demandait où ils voulaient en venir. Mais les deux hommes reprenaient :

« Que vous ont dit ces deux hommes ?

— Mais rien. Ils avaient retrouvé mon nom et ils sont venus.

— C'est ce qu'ils vous ont dit ?

— Oui.

— Et vous l'avez cru ?

— Pourquoi pas ? Pourquoi d'autre seraient-ils venus me voir ?

— C'est ce que nous nous demandons aussi ! »

Robert était perplexe. Pourquoi les gendarmes l'interrogeaient-ils sur cette visite si anodine ? Pourtant les deux autres insistaient :

« Dites-nous pourquoi ils voulaient vous voir.

— Mais pour rien. Ils se souvenaient de moi, voilà tout.

— Vous ne trouvez pas que c'est un peu mince comme raison ? Mais il est possible que vous étiez d'accord avec eux.

— D'accord pour quoi ?

— C'est à vous de nous le dire.

— Je ne comprends pas. Que vous ont-ils raconté ?

— Rien. Ils sont morts !

— Quoi ?

— Le fils a été tué le 17 octobre ; quant au père, il a disparu… »

Robert ne sut que répondre. Il réfléchit un moment, puis interrogea à son tour :

« Qu'essayez-vous de me dire ? Que ces deux hommes étaient des fellagas et que j'en suis aussi ?

— Nous ne dirons pas cela comme ça. Ces deux hommes faisaient bien partie du FLN. Vous, peut-être pas, mais vous leur tenez la main. »

Robert regarda les gendarmes :

« Non, mais vous le pensez sérieusement ?

— Si vous pouviez nous expliquer pourquoi ces deux hommes sont venus ici, on y verrait sûrement plus clair, mais vous vous obstinez à tout nier.

— Je vous dis la vérité. Je ne sais pas pourquoi ils sont venus.

— Personne ne les a vus ?

— Si, justement. J'étais avec Louisou quand ils sont arrivés.

— Quel est ce Louisou ?

— Louis Blanc, un voisin. Ils ont dit devant lui qu'ils se rappelaient de moi et venaient me rendre visite.

— Bien, nous vérifierons. Les avez-vous fait entrer ?

— Eh oui.

— Louis Blanc aussi ?

— Non, il n'est pas entré.

— Alors, vous étiez seul avec eux.

— Il y avait ma mère, mais, depuis, elle est morte.

— Qu'avez-vous fait dans la maison ?

— Mais rien. Ma mère leur a payé le café. Nous ne savions que nous dire, même que je me suis demandé pourquoi ils étaient venus ! »

Les gendarmes n'insistèrent pas plus et s'en allèrent en disant à Robert qu'il devait rester à la disposition de la justice et ne pas s'éloigner du village, car cette affaire n'était pas terminée.

Une fois seul, Robert réfléchit à la situation.

Le pays traversait une période difficile. Les négociations avançaient, entravées par les partisans de l'Algérie française qui refusaient tout accord avec ceux qu'ils appelaient les rebelles.

Le Front de libération, de son côté, multipliait les actions et les manifestations parfois violentes pour accélérer l'indépendance de l'Algérie.

Entre ces deux extrêmes, la police était très nerveuse. Elle surveillait et traquait les poseurs de bombes et les provocateurs... Pour eux, il était devenu un suspect parce que deux Algériens étaient venus le voir !

C'était un comble ! Lui qui avait lutté contre les rebelles et qui n'avait jamais fait de politique, se trouvait impliqué dans une affaire qui le dépassait. En temps normal, cela l'aurait amusé, mais en cette période troublée, tout était possible : il risquait d'être inculpé et d'aller en prison bien qu'il n'eût rien à se reprocher.

Il se demanda ce qu'il allait faire. Il allait commencer par avertir Marc, ainsi que son frère et sa sœur. Il prit son stylo et commença une première lettre, puis se ravisa. Avant qu'il ait fini d'écrire, que les lettres ne parviennent à destination et qu'il reçoive les réponses, il se passerait des jours et même des semaines ; le plus simple était de leur téléphoner. Il regretta de ne pas avoir fait installer le téléphone comme le lui avait suggéré Marc et comme il en avait eu l'intention. Il passa un long moment à chercher les différents numéros où il pourrait joindre sa famille et son ami. Quand il eut tout sous la main, il réfléchit. Il pourrait téléphoner de chez Raymond, de la cabine du village qui était chez les Metge, mais, pour ne pas à devoir donner d'explications, il partit pour la poste, à Mende, donner ses coups de fil.

Chez Marc, il n'y avait personne. Ce fut André, le mari de Jeannine, qui lui répondit, mais, comme Jeannine n'était pas là, il ne sut lui donner aucun conseil.

Quant à Gaby, que Robert alla trouver au garage, il ne sut que faire.

Robert erra dans les rues de Mende, nerveux et anxieux. « Enfin, se disait-il, c'est fou de se faire du souci quand on a la conscience tranquille ! »

Mais, à l'idée d'être pris pour un fellaga, il sentait ses cheveux se hérisser sur sa tête.

Une semaine passa. Louisou avait été convoqué à la gendarmerie et avait confirmé les dires de Robert.

« Quel dommage que je ne t'ai pas invité à entrer avec eux, soupira Robert, tu aurais pu témoigner qu'il ne s'était rien passé ! »

Un matin de décembre, un pâle soleil se leva dans une campagne raidie de givre et de froid. Robert venait de finir la traite et s'apprêtait à partir pour Mende quand il vit, dans la cour, la voiture des gendarmes. Il ne les avait pas entendus arriver et les trouva en train de frapper à la porte. Il leur cria :

« Je suis à l'étable. »

Deux descendirent les escaliers, d'autres sortirent de la voiture et Robert en compta cinq. Il se demanda ce que cela signifiait, mais ne dit rien. Les gendarmes attendirent dans la cour qu'il finisse son travail et entrèrent, avec lui, dans la cuisine.

Ils attaquèrent tout de suite :

« Nous savons ce que cherchaient les deux Algériens… Quel est leur nom, déjà ?

— Je ne sais que le prénom du fils : Ahmed.

— Donc, Mohamed et Ahmed Boukénaia, étaient à la recherche d'un lieu pour entreposer des armes, et ce lieu, ils l'avaient trouvé ici. »

Robert ne répondit pas. Il se doutait qu'on allait l'accuser de quelque chose de ce genre. Un gendarme reprit :

« Alors, dites-vous toujours que vous ne savez pas ce que ces deux hommes cherchaient ? »

Robert haussa les épaules :

« Je ne sais que ce que vous venez de me dire. Pour le reste, je vous ai dit la vérité, je n'ai rien à ajouter de plus.

— Ces deux hommes étaient chargés de cacher des armes sur tout le territoire, on comprend donc bien ce qu'ils étaient venus vous demander.

— Ils ne m'ont rien demandé du tout.

— Nous avons le regret de vous informer que nous allons perquisitionner chez vous. Voici le mandat. »

Robert s'assit sur une chaise, croisa les bras, mais ne répondit rien.

Deux gendarmes restèrent près de lui, tandis que les trois autres se dispersèrent partout et fouillèrent la maison de la cave au grenier.

Quand ils eurent fini, ils passèrent en revue tous les hangars, l'étable et les granges. Ils cherchèrent longuement dans le foin et, même s'ils ne trouvèrent rien, ils ne tinrent pas Robert quitte pour cela et lui dirent en partant sans que le jeune homme ne bronchât :

« Vous allez être convoqué à la gendarmerie, ne quittez pas le village. »

Quand ils furent partis, Robert s'affala sur la table et se mit à pleurer sans retenue.

Il se sentait meurtri et sali comme si, par leur perquisition, les gendarmes lui avaient apporté le déshonneur. Il se trouvait seul. Sans amis, avec une famille impuissante… Il était en dehors des lois qu'il avait toujours crues faites pour le protéger et dont, aujourd'hui, il voyait les limites.

Quand il leva les yeux sur la pendule, il pensa qu'il ne mangerait pas ce jour- là ; alors, désespéré, il siffla son chien et partit se perdre dans ses champs.

XX

La soirée du nouvel an

Quelques jours plus tard, Robert trouva dans son courrier une invitation pour aller passer Noël chez Marc et Solange.

« Ta filleule te réclame. Il y a tellement de temps qu'on ne t'a pas vu. Viens, ça te changera les idées. »

Tout de suite, Robert saisit son stylo et, dans une longue lettre, raconta à ses amis ce qui s'était passé.

« Je serais venu avec plaisir, conclut-il, mais je n'ai pas le droit de m'éloigner. Je n'ai rien fait pourtant, mais je suis suspect et traité presque comme un criminel. »

À travers les lignes, Marc comprit la détresse de son ami ; avec Solange, ils décidèrent de changer leur plan. Ils passeraient Noël à Nîmes, car Solange n'avait pu obtenir de congé, mais monteraient pour le jour de l'an chez la grand-mère de Badaroux et organiseraient, pour ce jour-là, un réveillon avec leurs amis, afin de distraire Robert.

Jeannine, ses enfants et son mari, ainsi que Gaby et sa fiancée, Anne-Marie, vinrent passer Noël avec Robert et firent revivre, pour leur frère, l'ambiance des Noëls d'autrefois.

Le matin de Noël, l'émerveillement des enfants devant la crèche d'antan, que Jeannine avait ressortie pour la circonstance, faisait plaisir à voir. Gaby avait apporté la dinde qu'avaient gentiment offerte les parents d'Anne-Marie, et le repas rappela ceux d'autrefois, quand l'oncle Gustin et la tante Flora s'invitaient avec leurs chocolats et leur bouteille…

Cela les fit rire tous les trois, au souvenir de ce temps pourtant pas si lointain.

Bien sûr, les ennuis de Robert furent évoqués, mais personne n'avait de solutions, et ils convinrent tous que, puisque Robert n'était pas coupable, la vérité finirait bien par ressortir au grand jour.

« Puisque tu es innocent, disait André, tu ne risques rien. Ils ne trouveront pas des armes puisqu'il n'y en a pas, alors ne te fais pas de soucis. Tu n'as pas été convoqué à la gendarmerie, c'est bon signe.

— Ça ne veut rien dire, rétorquait Gaby, on ne sait pas ce qu'ils pensent. Tu es sûr, reprenait-il en se tournant vers son frère, qu'Ahmed et son père n'ont rien caché chez toi ?

— C'est pas possible. Ils m'ont parlé dehors, ils sont entrés, ont bu le café et ils sont repartis !

— Ils étaient seuls ?

— Ben oui.

— Ils auraient pu avoir des complices qui cachent des armes pendant qu'ils étaient chez toi.

— Mais comment auraient-ils fait ? Et puis, quand ils sont repartis, ils étaient seuls dans leur voiture… »

Ils discutèrent des heures entières pour revenir toujours à la même conclusion. Tout paraissait absurde dans cette histoire ; absurde mais cependant plein de menaces pour Robert…

Le surlendemain de Noël, Jeannine et André, devait se rendre chez les parents d'André qui attendaient leurs petits-enfants avec impatience, partirent vers la haute Lozère, tandis que Gaby et Anne-Marie allaient passer le jour de l'an à Paris chez une sœur de la jeune fille. Tous le quittèrent à leur tour.

Robert se retrouva seul et s'apprêtait à passer la fin de l'année dans la solitude quand, au moment où il s'y attendait le moins, il reçut la visite de Marc.

Une après-midi, alors qu'il se trouvait chez Raymond pour aider à tuer le cochon, il eut le plaisir de voir arriver Marc. Il en fut d'autant plus heureux que ce travail de boucherie, qu'il n'appréciait que médiocrement, commençait à lui donner la migraine.

Mais il avait accepté, car tout valait mieux que cette attente qui le rongeait et cette peur qui le prenait au ventre quand, n'ayant pas d'occupation, il ne cessait de penser.

Il tournait la manivelle de la machine quand Louisou arriva escortant Marc, qui venait d'arriver au volant de sa deux-chevaux.

« Alors, tu changes de métier. Te voilà devenu boucher, maintenant !

— Je crois bien que si je dois changer de métier, je ne choisirai pas celui-là », répondit Robert en secouant avec un plaisir évident la main de Marc.

Il regarda son copain et lui demanda :

« Mais qu'est-ce que tu fais par ici ? Je croyais que tu voulais passer les fêtes dans les lumières de la ville ! »

Marc ne répondit pas. Il ne pouvait avouer qu'il était monté pour ne pas abandonner son ami, il éluda, après un moment.

« Solange voulait revoir sa grand-mère, alors nous voilà. Je suis bien content, reprit-il, de vous trouver tous les trois, car on veut faire un petit réveillon, le 31 et je vous y invite tous. »

Raymond jeta un coup d'œil à Josette :

« Et les enfants ?

— On les amènera chez ta mère, elle se fera un plaisir de les garder.

— Et toi, Louisou, tu viendras ?

— Oui, mais je n'ai pas de voiture.

— Robert te portera.

— Je ne sais si je pourrai venir, répliqua l'intéressé, avec tous mes ennuis…

— Justement. Pour un soir, tu peux les oublier !

— Les oublier, comme tu dis, c'est commode ! Les gendarmes sont à me surveiller comme un fellaga, c'est un comble. »

Marc répondit :

« Laisse tomber pour un soir et viens t'amuser avec nous. »

Robert était heureux de revoir Marc, mais n'avait aucune envie de passer la soirée de nouvel an avec tous les amis du couple. Il soupira :

« J'ai vraiment pas envie de voir du monde.

— Tu deviens un vrai sauvage ! Laisse-toi tenter.

— On te l'amènera, t'en fais pas, répondit Raymond.

— D'ailleurs, il faut que tu me portes », renchérit Louisou.

Ils éclatèrent de rire et Raymond tapa sur l'épaule de Robert en lui disant :

« Allez, laisse cette machine, on va boire le café, puis va chez toi causer avec Marc. »

Robert protesta pour la forme, mais l'idée d'abandonner toute cette cochonnaille pour se retrouver au calme chez lui, avec Marc, n'était pas pour lui déplaire. Quand il les vit s'éloigner, Raymond lui cria :

« Et n'oublie pas qu'on t'attend pour la charbounade ! »

Quand ils furent installés tous deux devant un verre de goutte, après avoir ranimé le feu, Robert raconta son calvaire au seul qui, à son avis pouvait le comprendre.

« Tu sais, lui dit-il, je sais que je n'ai rien fait de mal. Mais, le pire, c'est que l'on puisse croire que je suis de mèche avec les rebelles. Je sais que la paix doit être faite en Algérie, mais jamais, au grand jamais, je n'aurais pensé être soupçonné d'être un fellaga… Tu te figures, Marc ! Quand je pense à l'accrochage, aux morts, à ta blessure — et en ce moment-ci, j'y pense souvent — je me sens devenir fou !

Dire qu'on nous a forcés à vivre ça et que, maintenant, on m'accuse du contraire, c'est à vous faire perdre la tête…

Marc hochait la tête. Il comprenait fort bien. Il se fit raconter la visite d'Ahmed et de son père, celle des gendarmes, la fouille et finalement déclara :

« Tu devrais prendre un avocat.

— Un avocat ! Mais je ne suis pas encore accusé !

— Tu n'en sais rien, tu risques de l'être. »

Robert se prit la tête dans les mains :

« Tu crois qu'on en viendra là ?

— Je n'en sais rien, il vaut mieux tout prévoir. »

Marc repartit en faisant promettre à Robert d'assister au souper du réveillon.

« Tu sais, lui dit-il, tu connais tout le monde et personne ne t'ennuiera. Viens donc, ça te fera passer un moment. »

C'est ainsi que le dernier jour de l'année, Robert se retrouva serré dans la vieille cuisine de la grand-mère de Solange.

On en était à l'apéritif et tous, un verre à la main, discutaient de choses et d'autres. Ils étaient une bonne vingtaine alors que Robert s'était attendu à moins.

Il avait été content, tout de même, de retrouver ses vieux copains et les filles de Badaroux qu'il avait fréquentées autrefois. Beaucoup étaient mariées. Les garçons aussi. Il était presque le seul à être demeuré célibataire et se faisait blaguer pour ça !

La blonde Ginette, qui venait de convoler, n'avait pas changé. Elle pérorait toujours en faisant force gestes et était au courant de toutes les nouvelles.

On passa enfin à table et chacun admira le savoir-faire de la maîtresse de maison. Quand arriva la dinde farcie aux marrons et dorée à point, Solange reçut des compliments de toute part.

« Tu as vu ce que tu as perdu, Robert, lui lança-t-on, car tout le monde était au courant de l'idylle d'autrefois.

— Je crois, au contraire, que j'ai fait deux heureux », répliqua Robert en se tournant vers le couple qui, ce n'était un secret pour personne, était amoureux comme au premier jour.

Solange rougit quand Marc, passant un bras autour de ses épaules, riposta :

« C'est vrai que tu as fait deux heureux, mais ça ne nous empêche pas de penser à toi et de souhaiter que tu trouves l'âme sœur !

— J'ai bien d'autres soucis en tête », répondit Robert avec un geste désinvolte.

La conversation roula ensuite sur les ennuis de Robert et, alors, Ginette s'exclama :

« Moi, je connais quelqu'un qui pourrait t'aider ! »

Robert haussa les épaules :

« Je doute que quelqu'un puisse m'aider.

— C'est une cousine de Gilbert, mon mari. Elle était à notre mariage. Elle travaille chez une avocate, à Lyon, et elle est au courant des lois. Elle pourrait t'aider à débrouiller tout ça.

— Je n'ai pas besoin d'une avocate !

— Elle connaît le Code sur le bout des doigts. Je te dis qu'elle peut te sortir de là. »

Robert était plus que sceptique. Il haussa les épaules. Ginette allait insister, mais son mari lui poussa le coude. Elle le regarda, il fit la moue et elle ne dit plus rien.

Le repas continua, les conversations se portèrent sur un autre sujet et les soucis de Robert furent oubliés.

Aux douze coups de minuit, tout le monde se leva pour échanger des vœux. On s'embrassa, souhaitant que la nouvelle année soit bonne.

Marc, aidé de quelques autres, poussa les tables contre le mur et apporta un tourne-disque.

La musique s'éleva, et des chansons à danser, des bourrées se succédèrent emportant les couples dans des virevoltes et des entrechats qui continuèrent tard dans la nuit.

Quand, enfin, ils se décidèrent à partir, Robert et Louisou avaient tellement dansé qu'ils ne sentaient plus leurs pieds. Ils grimpèrent dans la deux-chevaux et, parmi quelques flocons égarés dans l'air froid, prirent le chemin du retour.

XXI

Monique

LA NEIGE CONTINUA À TOMBER tout le jour de l'an, puis un froid vif s'installa et les routes devinrent dangereuses. Les services de l'équipement déneigeaient autant que faire se pouvait, ensuite, ils passaient et repassaient pour saler mais le thermomètre oscillait entre moins quinze et moins vingt, le sel ne fondait pas et la neige ressemblait au sable du désert. Elle prenait une teinte beige où les voitures creusaient des ornières et dérapaient à qui mieux mieux.

Marc avait eu toutes les peines du monde à arriver jusqu'à Florac sur cette neige gelée. Ensuite, la neige était devenue pluie, mais il avait patiné pendant deux heures pour parcourir les quarante kilomètres qui le séparaient de la ville.

Seuls ceux qui ne pouvaient faire autrement se servaient de leur véhicule, au risque de se retrouver dans le fossé. C'étaient, pour la plupart, les employés qui devaient rejoindre leur bureau à Mende ou les commerçant apportant la vie dans les villages coupés du monde.

Beaucoup abandonnaient leurs voitures au bord de la route. Les villages en pente n'offrant plus que des ruelles étroites et verglacées où l'on ne s'aventurait qu'à pied, et encore, à ses risques et périls !

Robert avait remisé sa deux-chevaux dans le garage et, depuis la première neige, ne l'avait plus ressortie. Il avait sa provision de cochon, allait au boulanger quand il passait et laissait couler le temps en aidant ses voisins pour tuer le cochon, en faisant d'interminables parties de cartes ou en discutant autour d'un bon feu, une cigarette ou une tasse de café à la main.

« Avec un temps pareil, se disait-il, je ne suis pas prêt de voir arriver les gendarmes, au moins, ils me foutent la paix ! » et de conclure avec philosophie : « À quelque chose, malheur est bon ! »

Pas totalement rassuré pour autant, il surveillait, sans le dire, les véhicules qui arrivaient à grimper le chemin, redoutant de voir apparaître la voiture bleue.

Aussi fut-il surpris, une après-midi, de voir peiner dans la montée une limousine bleue qui semblait avoir connu des jours meilleurs.

Une femme était au volant. Elle avait trop accéléré, croyant arriver sans encombre à la place du village qu'elle avait aperçue de la route, mais la voiture s'était arrêtée et, maintenant, elle patinait au beau milieu de la rue, menaçant de heurter les murs à droite et à gauche…

Raymond et Robert, qui causaient sous un auvent, se précipitèrent. Ils la poussèrent, la portant presque et, finalement, elle parvint à se garer, un peu de travers tout de même, sur la place verglacée.

« Faut bien qu'elle soit pressée, celle-là, pour venir avec ce temps », constata Raymond.

De la voiture sortit une jeune femme enveloppée dans un grand manteau bleu, les cheveux cachés sous un bonnet de laine et chaussée de bottes noires. Elle les remercia d'un sourire que Robert trouva aussi séduisant que sa personne et leur demanda :

« Vous ne sauriez pas où habite Robert Baudouin ?

— C'est moi, se présenta le jeune homme, étonné.

— Ah ! Marc Galisson m'a envoyée vers vous.

— Marc ? Il ne lui est rien arrivé ?

— Non, non, rassurez-vous… Mais ce que j'ai à vous dire est assez long, ne pourrions-nous pas aller chez vous ? »

Robert, confus d'avoir oublié toute courtoisie, s'excusa et emmena la jeune femme chez lui, laissant Raymond totalement sidéré.

Quand ils entrèrent, Robert se hâta de débarrasser la table et de faire asseoir son invitée.

« Vous vivez seul ? interrogea la femme.

— Oui, ma mère est morte depuis bientôt six mois. »

La jeune femme approcha sa chaise de la table, regarda Robert et lui dit :

« Je comprends que vous soyez surpris de ma visite. Voyez-vous, vous avez été au réveillon du jour de l'an avec mes cousins et l'on vous a parlé de moi. »

Robert, surpris, ne répondit rien. L'autre continua :

« C'est un peu difficile à expliquer. Je suis Monique Suau, assistante d'avocat.

— Ah, c'est vous !

— Vous vous souvenez. Je suis la cousine de Gilbert, le mari de Ginette que vous connaissez. Marc, c'est votre ami, je crois… »

Robert opina.

« Donc Marc m'a appelée pour me supplier de venir à votre secours. Ce n'est pas tout à fait mon rôle et je le lui ai dit, mais il a tellement insisté que j'ai promis de venir vous voir pendant mes vacances. J'avais attendu en espérant que le temps change, mais, je dois repartir demain. Et comme votre ami a téléphoné tous les jours de plus en plus insistant, j'ai fini par me décider à venir et me voici ! »

Robert s'exclama :

« Mais il ne fallait pas vous mettre sur la route avec un temps pareil, Marc exagère. Je suis très content que vous soyez là, mais je suis confus de vous avoir occasionné cette sortie sur des chemins dangereux !

— Écoutez, entre Marc d'un côté et Ginette de l'autre, je n'avais pas le choix, répliqua-t-elle en éclatant de rire. Maintenant, je suis là, autant que vous en profitiez. Et que vous me racontiez votre histoire. »

Robert n'avait pas très envie de confier sa peur à cette quasi-inconnue Cela lui faisait tout de même plaisir que Marc se fasse tant de soucis pour lui bien qu'il pensât que cette fille ne puisse faire grand-chose pour lui. Avec ses airs de petite fille bien sage, elle ne devait pas avoir un grand pouvoir.

Pourtant, avec son sourire mutin, ses cheveux blonds ébouriffés qui, libérés du bonnet, voletaient dans tous les sens, ses yeux noirs attentifs et ses longues mains, elle lui avait été tout de suite sympathique, et il lui raconta son aventure d'un bout à l'autre sans s'en rendre compte. Quand il eut terminé, elle lui demanda :

« Réfléchissez, vous m'avez tout bien expliqué ? Vous n'avez rien oublié ? »

Comme Robert faisait un signe négatif, elle reprit :

« Et vous êtes absolument sûr qu'Ahmed et son père étaient venus seuls ? »

Il opina et lui répéta, perdant patience, qu'il n'avait rien à se reprocher, que c'était une erreur, mais qu'il tremblait de peur à l'idée d'être convoqué au tribunal.

Pour la première fois, il lui avoua même le honte qui bouleversait sa vie ; cette honte d'être pris pour un traître, lui qui, toute sa vie, avait été élevé dans l'amour et le culte de la patrie. Peut-être ne pouvait-elle comprendre cela, mais, pour lui, c'était la plus rude épreuve qu'il ait à supporter.

Monique sourit.

« Je crois, lui dit-elle, que dans votre malheur vous avez de la chance. Si tout est bien tel que vous me l'avez raconté, vous n'avez pas grand-chose à craindre. Cela aurait pu être grave si la situation était restée la même qu'à la fin de l'année, mais vous savez que des négociations se tiennent, en ce moment, à Évian et que l'on y discute de paix.

» Tous les observateurs sont d'accord pour dire que la paix sera signée d'ici à quelques mois, voire plus tôt.

» Les attentats, d'un bord comme de l'autre, avaient mis la police sur les dents. Elle aussi vit dans la peur et il est normal que, dans des périodes troublées, elle contrôle plus sévèrement toute infraction.

— Mais, je n'ai pas commis d'infractions !

— Je sais, je sais. Mais il était normal qu'elle s'intéresse à vous si les deux hommes qui sont venus vous rendre visite étaient recherchés par la police… Je ne pense pas que vous ayez des ennuis si vous ne changez en rien vos habitudes et que vous ne vous fassiez pas remarquer et attendiez… Si les négociations réussissent, vous ne serez plus ennuyé. »

Robert se leva, remit une bûche au feu et proposa une tasse de café à son interlocutrice.

Elle accepta tout en terminant :

« Si, par malheur, la guerre continuait, alors, je reviendrais vous voir avec ma patronne et nous verrions ce qu'on pourrait envisager. »

Puis ils parlèrent de choses et d'autres, de Ginette et de Marc.

« Vous avez un vrai copain, fit Monique en parlant de ce dernier, il m'a tarabustée jusqu'à ce que je lui promette de venir. »

Robert éclata de rire et répondit :

« Et vous avez bravé la tempête de neige pour venir jusqu'à moi ! »

Ils rirent tous les deux. Robert sortit les plus belles tasses de sa mère, ainsi que les soucoupes assorties. Il trouva quelques biscuits secs, restes de Noël, et servit le café avec toute l'application qu'il put.

Monique lui apprit qu'elle était originaire de Châteauneuf-de-Randon où vivaient encore ses parents et son frère. Ils se trouvèrent des connaissances communes, s'étonnèrent de ne s'être jamais rencontrés, s'aperçurent qu'ils étaient nés la même année, bref, sympathisèrent vraiment.

En partant, Monique proposa à Robert de le tenir au courant et lui assura que, s'il fallait aller plus loin, elle s'occuperait de tout.

« Mais, conclut-elle en s'en allant, je ne crois pas que cette histoire ait des suites. Puisqu'ils n'ont pas trouvé d'armes, vous êtes hors de cause. »

Robert l'accompagna jusqu'à sa voiture et lui recommanda de rouler doucement sur la route enneigée. Monique le quitta sur un petit signe de la main et Robert, en voyant disparaître la petite limousine bleue qui zigzaguait encore un peu, se dit qu'il y avait longtemps qu'il n'avait pas passé une aussi bonne après-midi.

XXII

Correspondance

ET PASSA LE TEMPS et s'envolèrent les semaines. Enfin, le 19 mars, FLN et État français s'étant mis d'accord pour reconnaître l'indépendance de l'Algérie, par les accords d'Évian, la guerre, qui ne disait pas son nom, fut terminée.

C'était fini. La France respira. Robert poussa un soupir de soulagement et sentit ses yeux se mouiller en pensant à ses camarades couchés dans la poussière, un jour de printemps, dans l'Atlas…

Puis il se demanda si cette paix verrait la fin de ses ennuis comme le lui avait dit Monique.

Il avait été convoqué à la gendarmerie, mais cela s'était réduit à une simple formalité. Il avait répété ce qu'il avait dit auparavant, et le planton de service s'était contenté de tout mettre par écrit et de le faire signer.

On ne lui avait rien expliqué et il en avait conclu que cette affaire était terminée.

Depuis, il respirait mieux et, même s'il se disait qu'il s'était effrayé pour rien, que cette histoire n'était qu'une série de malentendus, quand il repensait à son interrogatoire et à la fouille qui l'avait suivi, il sentait revenir sa peur.

Il n'avait pas revu la jeune Monique, qui l'avait rassuré. Marc, dans une lettre, lui avait annoncé sa venue alors qu'elle était déjà passée. Cela l'avait bien amusé.

Dans sa lettre, le jeune homme tentait d'expliquer à Robert qu'il allait l'aider à se battre pour prouver son innocence. Il fallait remuer ciel et terre.

D'abord, il lui envoyait cette fille, qui connaissait le milieu du tribunal et qui paraissait très capable, ensuite, il se proposait de lui payer un avocat et, enfin, si tout cela échouait, il se faisait fort de mobiliser tous ceux qui, comme eux, étaient victimes de la guerre d'Algérie et de les faire défiler face aux antifrançais…

À la lecture de cette lettre, Robert ne pouvait plus douter de l'amitié agissante de Marc. Il s'empressa de lui répondre pour le rassurer et le remercier de tout ce qu'il envisageait de faire. Comme l'avait préconisé Monique, il fallait laisser passer le temps, il était leur meilleur allié dans cette affaire.

Robert aborda donc le printemps dans un état d'esprit beaucoup plus calme. Le choc de la mort brutale de sa mère, qui l'avait bouleversé, s'atténuait un peu. Quant à Armande, il y pensait de moins en moins et son souvenir ne lui égratignait plus le cœur comme c'était le cas six mois auparavant.

« Je vieillis, ne put-il s'empêcher de songer, rien ne me trouble plus ! »

Et pourtant, il revoyait un sourire éclatant, un sourire qui venait le retrouver aux moments où il ne s'y attendait pas… Les yeux noirs qui le fixaient alors avaient la profondeur des lacs de montagne, et le visage où apparaissait le sourire revenait le tracasser.

Souvent, il se demandait comment faire pour la revoir. Aussi, quand il eut comparu devant les gendarmes, il décida de lui écrire pour lui raconter l'entrevue.

« Après tout, se disait-il pour se justifier, elle m'a donné des conseils et il est bien juste que je la tienne au courant du déroulement de l'affaire ! »

Il remplit deux pages de sa fine écriture droite ; et, après avoir raconté l'entrevue et l'avoir commentée, il passa à des considérations plus personnelles sur sa vie à la campagne, sur la solitude, les plaisirs et les ennuis de vivre dans un village… Bref, il en fut à la phrase finale, il hésita entre « veuillez agréer mes meilleurs sentiments », qu'il trouvait un peu trop pompeux, et « avec toute mon amitié », qu'il estimait trop familier et un peu prématuré.

Il écrivit donc après avoir longtemps réfléchi : « Soyez assurée, mademoiselle, de toute ma reconnaissance. »

Monique ne s'y trompa pas. Deux jours après, il recevait une réponse et, en voyant le cachet de la poste, il ne put empêcher ses doigts de trembler un peu en décachetant l'enveloppe.

La jeune fille, dans un ton tout à fait naturel, lui parla de son affaire et de sa joie de la voir résolue sans problème. Elle avait toujours pensé, disait-elle, qu'il n'y avait rien de solide dans le dossier et qu'il serait vite abandonné, surtout, maintenant que la guerre était finie.

Ensuite, très simplement, elle racontait sa vie de travail, son parcours quotidien dans la ville, le quartier de Fourvière qu'elle adorait, les traboules, ces rues toutes droites qui montent du Rhône vers la ville, les spécialités de la ville et le Rhône, qui apportait une brume humide qui enveloppait les montagnes comme dans un cocon…

Robert crut de son devoir de reprendre la plume pour dire à la jeune fille le plaisir qu'il avait eu à lire ses lettres et, de fil en aiguille, s'établit une correspondance à laquelle, l'un comme l'autre, tinrent beaucoup.

Robert se surprenait à attendre le facteur et pestait quand une lettre arrivait avec quelques jours de retard. Il mettait tout son cœur dans ces missives qu'il confiait à la poste et qui, au fil du temps, prenaient une tournure plus tendre.

Le jeune homme rêvait. Il se disait que Monique viendrait probablement en été passer des vacances chez ses parents, à Châteauneuf, et qu'ils se rencontreraient de nouveau.

Il échafaudait des projets pour les beaux jours, prévoyant même de demander à Gaby d'inviter Monique à son mariage, qui devait avoir lieu en août.

Robert nageait en plein bonheur quand, vers la fin juin, les lettres cessèrent. Au début, il ne comprit pas et pensa que l'enveloppe s'était perdue. Il interrogea le facteur qui répliqua vertement qu'il n'y était pour rien. Il envoya des lettres désespérées à Monique ; mais rien, toujours rien…

Après plusieurs semaines, alors que plus de sept lettres étaient restées sans réponses, Robert comprit que tout était fini. Une fois encore, il avait fait fausse route… Monique, comme Armande, l'avait laissé tomber ! Mais ce qu'il avait accepté d'Armande, il ne le supportait pas de Monique, qui était une fille sensée et peu encline aux coups de tête.

Il reprit toutes ses lettres et les relut avec attention. Non, il ne s'était pas trompé, cette fille tenait à lui ! Que s'était-il donc passé pour la faire changer d'avis ?

Il réfléchit. Il lui avait raconté sa vie la première fois qu'elle était venue à la ferme ; donc, elle savait tout de son métier, de sa solitude et de son avenir, et tout cela ne l'avait pas rebutée. Il y avait autre chose.

Il se demanda si elle n'avait pas appris l'existence d'Armande ; mais pouvait-elle en prendre ombrage ? Les relations qu'il avait entretenues avec Armande étaient celles d'un jeune homme et d'une jeune fille qui se fréquentent, il n'y avait rien à redire.

Armande l'avait quitté ; elle ne l'aimait plus, que pouvait-il y faire ?

Pour une personne qui paraissait avoir les deux pieds sur la terre, Monique ne pouvait se prévaloir de cette idylle pour rompre. De son côté, elle avait dû connaître aussi quelques émois du cœur, et il ne s'en était pas préoccupé. Robert se perdait en considérations ; il ne comprenait pas et alors les mots qu'il avait prononcés autrefois lui montaient aux lèvres :

« Les femmes, toutes les mêmes, se disait-il en fauchant à pleine lame l'herbe fleurie, toutes les mêmes menteuses ! »

Il travaillait, maintenant, avec Louisou et son père qui, eux aussi, manquaient de bras. Tantôt chez eux, tantôt chez lui, la fenaison avançait. Le tracteur de Robert était plus rapide que les bœufs de Jean, le père de Louisou alors, pour compenser, Maria, la mère, faisait manger tout le monde malgré les protestations de Robert.

Les champs sentaient le foin coupé, et cette odeur suivait les hommes partout où ils allaient les rendant un peu ivres. Robert, en rentrant chez lui, le soir, espérait toujours trouver une enveloppe sous la porte, mais seuls quelques prospectus, le journal, des factures et des lettres sans importance l'attendaient.

La veille du 14 juillet, en rentrant, le soir, Robert trouva une voiture qu'il ne reconnut pas. Marc en sortit, salua son copain et lui demanda :

« Que penses-tu de ma nouvelle bagnole ? »

Robert haussa les épaules, fit le tour de la voiture, une dauphine d'occasion, mais ne s'y intéressa pas comme le pensait Marc.

En le regardant attentivement, le jeune homme s'aperçut que son ami avait beaucoup changé. Il pensa, tout de suite que les ennuis avec les gendarmes continuaient et l'interrogea.

« Non, répondit Robert, tout va bien de ce côté-là. »

Marc, ne sachant que penser, suivit son ami dans la grande cuisine où, sans un mot, Robert se mit à faire du café pour son hôte. Marc, de plus en plus étonné, surveillait ses gestes. Il le voyait moudre les grains de café, faire chauffer l'eau et commencer à la verser sur la mouture odorante, toujours en silence…

« Dis donc, fit-il pour détendre l'atmosphère, tu as perdu ta langue ? Tu ne me demandes même pas des nouvelles de ta filleule, Catherine ? »

Robert tourna vers son ami un visage si ravagé que Marc en fut effrayé :

« Enfin, Robert, qu'y a-t-il ? »

Incapable de le contenir, Robert laissa déborder son chagrin. Il s'assit, s'appuya à la table et, sans un mot, se mit à pleurer à gros sanglots sans pouvoir ni parler ni s'arrêter.

Marc fut impressionné par cette violente douleur et par l'accablement de Robert. Jamais il ne l'avait vu dans cet état, même à la mort de sa mère qui, pourtant, lui avait été très dure. Il laissa passer la crise, et ce fut lui qui finit le café et qui le servit, hésitant à peine pour trouver les tasses, les cuillères et le sucre.

Quand, enfin, Robert se sentit un peu mieux, il sourit à son ami et s'excusa en disant :

« Mon pauvre Marc, tu n'as pas réussi, je suis un piètre compagnon, aujourd'hui !

— Bois ton café et puis tu vas tout m'expliquer », répondit Marc en se servant de sucre.

XXIII

Le pique-nique

DES JOURS DE CHALEUR TORRIDE arrivèrent comme l'été en apporte quelquefois. Solange et Marc voyaient tous les jours s'affaiblir cette grand-mère tant aimée qui, pour la jeune femme, avait souvent remplacé ses parents pris par leur métier La chaleur lui coupait la respiration et des palpitations la laissaient épuisée pendant de longues minutes.

Le docteur, appelé à plusieurs reprises, ne laissa pas beaucoup d'espoir vu le grand âge de la malade.

Il ordonna quelques médicaments pour soulager le pauvre cœur fatigué, mais ils se révélèrent de peu d'effets.

Assise dans son grand lit, appuyée sur deux oreillers, la grand-mère semblait chercher sa respiration au plus profond d'elle-même. Puis, par une après-midi d'orage, elle s'arrêta brusquement de respirer et un silence de mort remplaça le râle quotidien de la vieille femme.

Marc, qui, pendant la maladie de la grand-mère, s'échappait de temps en temps pour venir réconforter Robert, dut l'abandonner quelques jours pour avertir la famille de sa femme, s'occuper des obsèques et loger ses beaux-parents, oncles, tantes et cousins venus pour la circonstance.

Robert ne le revit qu'à l'enterrement auquel il assista en compagnie de Raymond et de Louisou.

Après les condoléances au cimetière, Solange et Ginette insistèrent pour qu'ils passent par la maison de cette dernière pour voir les enfants.

Catherine, la filleule de Robert, était une petite fille blonde qui, sans aucune appréhension, lui demanda :

« Quand est-ce que je pourrai venir voir tes vaches ? »

Robert répondit :

« Mais quand tu voudras !

— Je viendrai avec mon papa.

— Vous pouvez venir tous, répliqua Robert.

— Oh ! maman, fit la gamine en se tournant vers Solange, si on allait pique-niquer avec les vaches ! »

Tout le monde éclata de rire, et il fut convenu qu'on irait pique-niquer avec les vaches un des dimanches suivants.

Solange proposa de tout préparer. Elle invita Ginette, son mari et leur petit Philippe à les accompagner.

Marc pensait que ce serait une bonne chose pour changer les idées de Robert. Celui-ci lui avait avoué faire toujours des cauchemars. Il se revoyait dans les Atlas, avec Ahmed et son père qui passaient des armes aux fellagas. Lui assistait impuissant à cette livraison, mais les gendarmes arrivaient et lui criaient « Vous voyez bien que vous êtes de mèche avec eux ! Allons, venez ! »

Ils lui passaient les menottes et le menaient face à un peloton de soldats français qui le mettaient en joue.

« Non, ne tirez pas, leur criait-il, je suis innocent ! »

Mais l'adjudant qui les commandait hurlait :« Feu ! »

Le bruit de la détonation le réveillait. Il sursautait dans son lit et se dressait tout en sueur.

Chaque nuit, ce rêve revenait. Il se levait alors, descendait à la cuisine boire un verre d'eau. Il s'asseyait un moment pour retrouver son calme, prenait un livre ou un journal et se plongeait dans la lecture jusqu'à ce qu'il tombe de fatigue. Alors, il remontait et se recouchait, mais le sommeil tardait à venir et, jusqu'au matin, il ressassait la visite d'Ahmed et le silence de Monique.

Quand le jour pointait, il sombrait dans un sommeil profond dont le réveille-matin se faisait un malin plaisir de le tirer.

Toutes les nuits, les mêmes choses recommençaient. Robert en perdait l'appétit et dépérissait. Marc ne savait que faire ; aussi accueillit-il ce pique-nique avec joie et espoir.

Le dimanche prévu, les deux voitures arrivèrent à la ferme vers midi. Sans l'avoir décidé, Jeannine et sa famille, ainsi que Gaby et sa fiancée se retrouvèrent à la maison, ce dimanche-là. Ils ne se firent pas prier pour se joindre au groupe. Raymond, sa femme et ses enfants ainsi que Louisou étaient aussi de la fête.

Raymond connaissait un petit coin ombragé au bord de la Nize qui était, selon lui, le coin idéal. Chacun avait apporté une bonne quantité de nourriture. Robert y ajouta le saucisson qu'il avait fabriqué et avait mis dans les cendres pour lui conserver toute sa fraîcheur. Il coupa quelques belles tranches de jambon aussi fines que possible et sourit en pensant à la joie de Marc, qui raffolait de la charcuterie maison.

La journée passa comme dans un rêve. Jeannine, qui ne connaissait pas Solange et Ginette, les apprécia beaucoup et ce fut réciproque. Les enfants jouèrent, se chamaillèrent, dormirent pour les plus jeunes, tandis que les hommes, après avoir discuté, disputèrent une partie de pétanque. Ce fut une journée merveilleuse et, le soir venu, Jeannine et Robert invitèrent tout le monde à rester à la ferme pour manger les restes.

Ils seraient tous restés avec plaisir dans le pré, mais il n'y avait pas de lumière et les enfants avaient peur de la nuit.

Robert s'occupa de ses vaches et procéda à la traite. Les enfants suivaient tous ses gestes d'un air curieux, et la petite Cathy, trottinant derrière son dos, n'arrêtait pas de lui poser des questions.

« Dis, parrain, pourquoi tu les attaches tes vaches ?

— Dis, parrain, pourquoi tu leur mets de la paille ?

— Dis, parrain, pourquoi tu laisses pas les veaux à côté de leur maman ? »

Marc la reprenait tendrement :

« Arrête, Cathy, tu fatigues Robert. »

Alors, la petite fille se taisait, mais quelques minutes après, on entendait la petite voix :

« Dis, parrain… »

Les deux hommes riaient et, en remontant de l'étable, Marc ne put s'empêcher de se moquer de sa fille en racontant aux autres ses nombreuses questions. Gilbert, le mari de Ginette, sourit et s'exclama :

« Elle me fait penser à ma cousine Monique, vous savez bien, celle qui s'est occupée de ton affaire, Robert. Quand elle était petite, elle posait toujours des questions et se faisait rembarrer par ses parents… »

Un silence soudain tomba sur la salle, et Gilbert se demanda s'il avait dit quelque incongruité :

« Quoi… Qu'est-ce qu'il y a ? »

Marc, le premier, reprit ses esprits et demanda lentement :

« Qu'est-elle devenue ta cousine Monique ? Elle a tiré Robert d'affaire, mais on n'a plus eu de ses nouvelles.

— Ah ! vous ne savez pas, coupa Ginette, ravie de pouvoir parler, elle a été gravement malade. On croyait même qu'elle allait mourir.

— Quoi ! s'exclama Robert, devenu blanc comme un linge.

— Oui, elle n'était pas du tout bien. Elle toussait, elle avait maigri. Elle a fini par consulter un médecin. Après bien des recherches et des examens, ils ont fini par trouver qu'elle avait la tuberculose.

— Mais, aujourd'hui, ça se soigne très bien.

— Oui, quand on la prend assez tôt. Mais Monique était très atteinte ; et le pire, c'est qu'elle n'a pas le goût de lutter. »

Gilbert et Ginette se regardèrent. La jeune femme reprit :

« Cela nous a beaucoup surpris au début, car c'est une fonceuse ; on suppose qu'elle devait fréquenter un jeune homme qui l'a lâchement abandonnée quand il a connu la gravité de sa maladie.

— Mais ce n'est pas vrai ! cria Robert. Je ne l'ai pas laissée tomber… »

Inconscient de la surprise de ses amis, il ajouta, des larmes ruisselant sur son visage :

« On s'écrivait ; on s'aimait, on devait se revoir… Je l'attendais tous les jours. Et, un jour, brusquement, elle n'a plus répondu à mes lettres… J'ai été désespéré. J'ai écrit, écrit, et puis j'ai arrêté. Je ne savais plus que faire… Je croyais… Je croyais qu'elle ne m'aimait plus… »

Il s'effondra sur la table, cacha sa figure dans ses mains et resta là, immobile, écrasé par le secret qu'il essayait de cacher à tous depuis des semaines.

Ils le regardaient tous, n'osant parler, muets devant cette douleur d'homme qu'ils n'avaient jamais soupçonnée.

Ginette, consciente d'avoir été trop brutale, avait perdu la parole. Ce fut Solange qui, la première, se décida à parler :

« Dis-nous, Ginette, où est-elle soignée ?

— Dans un sana en Haute-Savoie. Je ne sais pas exactement où, mais, peut-être, on pourra se débrouiller pour en avoir le nom. »

Robert, honteux de s'être donné en spectacle, releva la tête et répondit :

« Je voudrais bien avoir son adresse, oui. Si, comme je le pense, elle a voulu me quitter à cause de sa maladie, je veux la raisonner et l'aider de toutes mes forces à retrouver la guérison. »

Il ajouta d'un air malheureux :

« Et moi qui ai douté d'elle ! Moi qui pensais qu'elle aimait quelqu'un d'autre !

— C'est normal. Tu ne pouvais pas deviner une chose pareille !

— Quand est-ce arrivé ? interrogea Marc.

— À la fin du printemps ou au début de l'été, reprit Gilbert, je ne me rappelle pas exactement. Ma mère nous l'a annoncé un dimanche où nous étions allés chez elle.

— C'est quand elle a arrêté de m'écrire… Mais je vais aller la voir. Une maladie ne peut nous séparer ! »

La soirée continua, mais l'ambiance n'y était plus. Les enfants, fatigués, pleuraient, se disputaient ou s'endormaient dans les coins. Les adultes discutaient de choses et d'autres pour meubler la conversation et ne pas aborder le seul sujet qui les bouleversait. Personne ne s'attarda.

Avant de partir, Marc prit Robert à l'écart et lui annonça sa visite pour le lendemain :

« Il nous faut parler de tout cela à tête reposée. Maintenant que tu as des nouvelles, promets-moi d'être raisonnable et de ne plus faire des folies.

— Tu te figures, Marc, elle était malade et moi qui l'accusais ! Je m'en veux, oh, je m'en veux !

— Calme-toi. Tu ne pouvais pas savoir. »

Ils parlèrent encore longtemps. Robert établissait un plan de visite. Il parlait de partir en Haute-Savoie pour convaincre Monique.

Robert ne doutait pas qu'il réussirait. Il croyait connaître le caractère ombrageux de Monique pour comprendre qu'elle voulait le décourager. Elle se savait gravement atteinte et avait préféré couper les ponts. Cela, Robert ne pouvait l'admettre.

Si elle l'avait quitté pour un autre garçon, il lui aurait demandé une explication, même si elle avait été inutile, mais la maladie de Monique ne lui faisait pas peur.

Il était sûr que les médicaments modernes et la chaleur de son amour tireraient la jeune fille vers la vie.

Quand tous furent partis et que Robert se retrouva seul avec sa sœur et son beau-frère, il leur décrivit sa rencontre avec Monique et toute la correspondance qui s'en était suivie. Jeannine ne put s'empêcher de lui dire :

« Mais tu la connais à peine, cette fille ! Les lettres ne suffisent pas pour s'engager.

— On s'est aimés dès le premier regard et, reprit Robert après une hésitation, cette fois je sais que je l'aime. Je l'aime vraiment, et ce n'est pas une erreur… Je l'aime parce que… Parce que c'est elle ! »

Jeannine n'osa répliquer mais se demanda si son frère n'avait pas encore enfourché une de ses chimères dont il était coutumier.

« Qu'en penses-tu ? demanda-t-elle à son mari quand ils furent dans leur chambre.

— Écoute, répliqua ce dernier, ton frère a trente ans, il doit savoir ce qu'il fait !

— Mais c'est une malade !

— On guérit, maintenant, de ces maladies. Et s'il lui arrivait un malheur, le problème serait réglé ! »

Jeannine ne répondit pas, mais pensa qu'elle n'en avait pas encore fini avec ce frère si imprévisible.

XXIV

L'adresse

DEUX SEMAINES PASSÈRENT. Robert se retrouva seul, Jeannine ayant suivi André dans la haute Lozère. Les moissons plus tardives sur les hauteurs avaient appelé toute la famille à faire un séjour chez les parents d'André, qui comptaient sur leur fils pour les aider.

Gaby préparait activement ses noces qui devaient avoir lieu dans une quinzaine de jours. Il passait en coup de vent, s'informait si tout allait bien et repartait toujours aussi pressé…

Marc ne s'était pas manifesté et Robert supposait qu'il avait repris le chemin de Nîmes et du travail.

Robert se trouvait affreusement seul. Avec Louisou, il poursuivait les travaux. La moissonneuse-batteuse était passée dans le village et les agriculteurs s'étaient entraidés. Robert, ballotté d'une maison à l'autre, était épuisé tous les soirs. Il devait encore rentrer les animaux et s'occuper de la traite, ce qui le renvoyait au milieu de la nuit.

Il n'avait guère le temps de penser ; pourtant, quand, après une rapide toilette pour enlever la poussière de la journée, il se jetait, recru de fatigue, dans son lit, croyant y dormir comme une souche, les souvenirs lui revenaient en foule.

Souvenirs d'Algérie toujours, auxquels s'ajoutait, maintenant, la vision de Monique étendue, toute froide dans une chambre de sana.

« Je vais devenir fou si je ne tente rien ! » se disait-il, mais il était enchaîné à la ferme par le travail et les animaux… Et puis comment demander une adresse aux parents de Monique, des gens qu'il ne connaissait pas et qui n'avaient jamais entendu parler de lui.

Il rongeait son frein en silence, en perdait l'appétit et flottait dans ses pantalons devenus trop larges.

Ses cheveux indisciplinés lui cachaient les oreilles, et son air, autrefois si avenant, n'était plus qu'un lointain souvenir.

Raymond et Louisou assistaient, impuissants, à cette déchéance, et ils finirent par s'en inquiéter.

Un matin, à l'aube, Raymond se rendit chez Marc, qu'il trouva en pleins préparatifs de départ. Il lui expliqua la situation et lui reprocha son silence.

« J'ai fait ce que j'ai pu, répondit celui-ci, mais je n'ai pas osé me présenter devant Robert sans l'adresse de Monique. Ginette et son mari sont partis quinze jours à la mer et je n'ai rien pu savoir.

— Écoute, reprit Raymond, Robert file du mauvais coton. Il est capable d'un coup de tête si cette situation s'éternise. Il faut faire vite ! »

Ils cherchèrent ensemble une solution qu'ils ne trouvèrent pas et se séparèrent tristement.

Gaby, à la veille de son mariage, avait beaucoup de travail. Il devait tout mettre en ordre, car le nouveau patron qui l'employait, en attendant qu'il puisse ouvrir son propre garage, était un spécialiste du matériel agricole. Il avait engagé le jeune homme pour l'envoyer dans tous les coins du pays réparer les engins qui, en ces temps de moissons, étaient mis à rude épreuve.

Gaby partait à l'aube, remettait en service une moissonneuse avant de dépanner une botteleuse… À peine avait-il terminé qu'il partait cent kilomètres plus loin, où les travaux étaient arrêtés et, en cette saison, le temps était de l'argent.

Le soir, fatigué, il rendait encore visite à Anne-Marie s'il n'était pas trop tard. Enfin, il s'octroyait quelques heures de sommeil avant de recommencer, le lendemain, la même journée harassante.

C'est ainsi qu'au cours de ses dépannages il arriva à Châteauneuf-de-Randon, le village où habitaient les parents de Monique. Sur le moment, il n'y prit garde. Mais, la réparation achevée, avant de partir vers une nouvelle ferme, il fut invité à se rafraîchir. On lui apporta une bière mousseuse. Tandis qu'il buvait, le jeune garçon qui le servait lui dit alors :

« Vous avez beaucoup de neige par chez vous ?

— De la neige ? s'étonna Gaby.

— Vous êtes bien du Valdonnez ?

— Oui, mais…

— Ma sœur travaillait chez une avocate et elle avait un client par chez vous. Elle y est allée un jour d'hiver et elle n'a pas failli rentrer tellement il y avait de la neige ! »

Comme Gaby hésitait à comprendre, le garçon insista :

« C'est Ginette, la femme d'André, notre cousin, qui lui avait demandé de rendre service à un ami… Je crois qu'il s'agissait d'Arabes…

— Votre sœur, ce n'est pas Monique ?

— Vous la connaissez ?

— Moi, non, mais mon frère oui. C'est elle qui l'avait aidé. Justement, on en a parlé, il n'y a pas longtemps et il voulait lui écrire pour la remercier.

— Vous savez, intervint une femme d'un certain âge, je suis la mère de Monique. Ma fille est très malade et je ne sais…

— Cela la distraira.

— Elle n'est pas ici, reprit la mère, réticente.

— Ça ne fait rien. Je crois que mon frère avait bien envie de la revoir. »

Voilà, c'était dit. Monique n'avait pas mentionné Robert à ses parents, et Gaby ne voulait pas, s'il n'y était pas obligé, dévoiler le secret de son frère.

La mère hésita, puis haussa les épaules et sortit de la pièce. Elle revint quelques instants plus tard en disant tout en s'essuyant les yeux :

« Vous savez, elle est malade depuis presque trois mois et son état est stationnaire. Nous ne savons que faire pour la sortir de ce marasme où elle s'enferme. Si votre frère pouvait la distraire, il nous rendrait un fort service. »

Muni de la précieuse adresse, Gaby ne s'attarda pas. Et, le soir même, il arriva chez son frère en lui donnant, comme un cadeau, le précieux papier.

Robert, tout ému, remercia Gaby et passa la nuit entière à rédiger une lettre où il mit tout son cœur.

Il expliqua d'abord par quel hasard il avait appris la maladie. Il supplia Monique de reprendre la correspondance, disant que c'était lui et non elle qui avait le droit de rompre et qu'il ne le ferait jamais… Si elle ne voulait plus de lui, il fallait qu'elle le lui dise en face, qu'elle le lui signifie de vive voix, sinon, jamais il ne le croirait.

Elle devait lui envoyer un mot, et ce mot, il l'attendait.

Il lui expliqua sa perplexité, puis sa douleur en croyant qu'elle l'avait oublié… Il concluait en disant qu'il savait que cette maladie était guérissable, qu'il fallait qu'elle lutte. Ils allaient lutter tous deux contre le mal. Il se sentait fort pour elle et savait qu'un jour ils se reverraient…

La lettre partie, Robert se mit à guetter le facteur. Dès qu'arrivait l'heure de son passage, il se sentait devenir fébrile. Il soulevait cent fois le rideau de la fenêtre et son cœur battait fort quand il le voyait se diriger vers la maison.

Du courrier arrivait tous les jours. Le facteur le jetait sur la table, s'arrêtait un moment à parler du temps ou des dernières nouvelles et repartait porter d'autres lettres à d'autres hameaux.

Robert saisissait les enveloppes une à une, regardait les en-têtes et les rejetait avec un soupir. Monique n'écrivait pas !

Alors, l'imagination du pauvre garçon se mettait à faire des siennes : la jeune fille n'allait pas bien ; elle ne pouvait pas écrire ou, alors, elle ne voulait toujours pas de lui…

Les idées lui venaient en foule pour justifier son silence… Mais, le lendemain, il continuait à guetter le facteur.

Le samedi de la noce de Gaby arriva. Robert se préparait activement. Dès l'aube, les bras chargés de paquets, Gaby était parti au volant de la belle voiture que lui avait prêtée son patron. Il voulait arriver le premier au domicile d'Anne-Marie. Il avait bien recommandé en partant :

« La mairie, c'est à dix heures et demie et l'église à onze heures. Au moins, ne te fais pas attendre. »

Après la traite, Robert avait amené ses vaches dans un pré clôturé et Louisou avait promis de s'en occuper. Le temps était orageux et le jeune homme se demanda, un moment, s'il abandonnait ainsi ses vaches seules ou s'il allait en parler à Louisou. Il regarda sa montre et la peur d'arriver en retard lui fit hausser les épaules : « Bah ! on verra bien. » Son chien, conscient que son maître allait partir et le quitter, gémissait en posant sur lui son regard fidèle

Robert se pencha, le caressa et lui dit gentiment :

« Je ne m'en vais pas pour longtemps, ne t'en fais pas ! »

Il monta s'habiller et, en sortant, jeta un coup d'œil à la glace qui lui renvoya l'image d'un jeune homme élégant, mais dont une ride barrait le front : une ride qu'il s'étonnait de découvrir pour la première fois.

« Allons, se dit-il, je suis le vieux garçon de la famille, l'oncle à héritage, l'original de service ! »

Contrairement à son attente, cette idée ne le fit pas rire, elle lui amena même des larmes aux yeux.

« Allons, se secoua-t-il, c'est pas aujourd'hui, jour des noces de mon frère, que je vais pleurer sur ma jeunesse perdue ! Allez, en route, je vais essayer de tout oublier et de revenir à l'insouciance de mes dix-huit ans ! »

XXV

Rencontres

POUR UNE FOIS, Robert oublia le facteur. Ce ne fut que lorsqu'il eut dépassé Badaroux et qu'il monta la côte de la Tourette qu'il se dit : « Tiens, le facteur n'était pas passé quand je suis parti, peut-être qu'aujourd'hui j'aurai une lettre ! » Mais il n'y croyait plus vraiment. Ou Monique ne voulait plus de lui ou elle était trop malade pour répondre à sa lettre…

En pensant à sa maladie, il se rappela la peur de sa mère lorsqu'ils étaient enfants pour cette tuberculose qui décimait des familles entières. Plusieurs femmes du village épuisées par de trop nombreuses maternités se mettaient à décliner et disparaissaient, un jour, à la fleur de l'âge. Encore heureux quand quelqu'un de leurs enfants ne les suivait pas à peu de distance. Robert savait que les soins les plus attentifs n'y pouvaient rien.

Pourtant, il avait lu quelque part que les chercheurs avaient enfin découvert un remède contre cette terrible maladie et l'on vaccinait, maintenant, les enfants au BCG pour les immuniser contre ce fléau qui faisait rage pendant la jeunesse de ses parents.

Tout à ses pensées, il était arrivé au domicile d'Anne-Marie. Un essaim de jeunes filles se précipita vers sa voiture pour y accrocher des roses en papier.

Robert, un peu perdu parmi ces gens qu'il connaissait à peine, laissa Gaby faire les présentations. Anne-Marie se préparait dans le secret de sa chambre et personne encore ne l'avait aperçue.

Tout un groupe de jeunes gens riaient, se poursuivaient tout en discutant haut et fort. Robert les regardait et se sentait vieux, tout à coup, de n'avoir plus envie de se mêler à ces joyeux convives.

Une voix grave le fit se retourner :

« C'est beau la jeunesse ! »

Un homme entre deux âges l'observait en souriant. Robert eut une impression de déjà-vu, mais il eut beau se creuser la cervelle, il ne voyait pas qui cela pouvait être.

« Alors, vrai, Robert, tu ne me reconnais pas ? »

Le jeune homme fit non de la tête tout en regardant encore plus attentivement son interlocuteur.

« Est-ce moi qui ai changé ou toi qui as perdu la mémoire ? », s'étonna celui-ci.

Robert était de plus en plus gêné. Il répliqua avec une certaine réticence :

« Excusez-moi. Je ne crois pas que vous soyez un inconnu pour moi, mais je n'arrive pas à vous reconnaître. »

L'autre sourit :

« Voyons, Saint-Christol, les vendanges ! »

Robert rougit. Il se rappela les soirées folles des fins de vendanges, le fardage et les poursuites à travers les vignes où les raisins avaient disparu… Il avait été chez beaucoup de gens aider pour la cueillette des fruits, des légumes, sans parler des vendanges où, comme il était jeune et fort, il convoyait les raisins dans une hotte fixée sur son dos. Toutes les vendangeuses venaient y vider leurs seaux dans de grands éclats de rire.

Il dit en fixant l'inconnu :

« Vous devez être un des patrons de mas où je suis allé travailler, mais il y a si longtemps que j'ai dû oublier !

— Tout juste… Mais moi, je ne t'ai pas oublié. Je pensais bien, en venant à cette noce, te rencontrer… Tu étais un très bon ouvrier. Je ne sais pas pourquoi, ton patron ne t'a pas gardé… Et, tu sais, fit-il en se rapprochant, si tu voulais revenir…

— Je ne crois pas que je redescendrai, un jour, dans le Midi, répliqua Robert avec un rien de nostalgie… Mais, si je voulais vous répondre, encore faudrait-il que je sache votre nom ! »

L'homme éclata de rire :

« Tu ne me reconnais pas, moi, mais il y a quelqu'un que tu reconnaîtra sûrement », fit-il en s'éloignant.

Robert fut si surpris qu'il ne réagit pas immédiatement. Quand il voulut retenir l'étranger, l'autre avait déjà disparu. Il le vit happé par un groupe et il ne s'occupa plus de lui.

Le jeune homme eut beau chercher, il ne se souvint pas du nom de son interlocuteur. Ce qui l'intriguait le plus, c'était cette personne qu'il était censé reconnaître.

Il réfléchit et quelque chose de vague lui revint. Cet homme-là avait un rapport avec Armande, il ne pouvait trouver lequel… Il rougit en pensant à la jeune fille et le petit visage mutin, caché par le maquillage, s'imposa à son esprit. « Qu'était-elle devenue ? » Il aurait donné cher pour le savoir.

Gaby le tira de sa rêverie en lui présentant sa cavalière. La mariée n'ayant pas de sœurs disponibles, Anne-Marie lui avait octroyé sa meilleure amie : Denise, une jeunette de vingt ans, qui respirait la joie de vivre et parlait beaucoup.

Elle tutoya Robert tout de suite, lui prit le bras et, se joignant aux autres jeunes, l'entraîna sans aucune gêne. Elle rappelait un peu Ginette avec sa façon de faire et ses grands gestes.

Devant la maison de la mariée, le groupe des jeunes chantait à tue-tête et esquissait quelques pas de danse ou tournait une bourrée.

Les plus vieux s'étaient assis, dans la cour, où des chaises avaient été apportées, et regardaient le spectacle tout en discutant. Robert sentit une main se poser sur son épaule :

« Alors, tu as trouvé ? »

L'inconnu le regardait fixement et, soudain, la mémoire revint à Robert :

« Fauché, du mas Benoît !

— Eh voilà, ce n'était pas plus difficile que ça ! »

L'autre l'observait en souriant, tandis que le jeune homme pensait que c'était chez lui qu'il avait aperçu Armande pour la première fois.

« Mon vieux, reprit l'homme, attends-toi à une surprise, suis-moi. »

Ils descendirent des escaliers qui, sur le derrière de la maison, donnaient dans une cour minuscule entourée de murs. Ils sortirent par un portail qu'ils laissèrent entrouvert.

Ils se retrouvèrent dans une rue du village qu'ils suivirent un moment. Ils arrivèrent sur une place minuscule et s'approchèrent d'une petite maison à la porte basse avec une fenêtre à sa droite.

Sur le devant était garée une longue limousine blanche immatriculée trente, et Robert supposa que c'était celle de Fauché.

« Où m'emmenez-vous ? », demanda Robert.

Sans répondre, l'autre ouvrit la porte. Une petite cuisine d'autrefois, avec son âtre noirci, quelques chaises, une table et un buffet campagnard aux assiettes alignées et aux couverts d'étain suspendus sur le devant, apparurent dans la lumière parcimonieuse qu'offraient la porte et la fenêtre.

Une volée d'escaliers s'enfonçait dans le plafond et, du dessus, parvenait un bruit de conversations.

« Eh, descendez, cria Fauché. Je vous amène de la visite.

— Mais on n'est pas prêtes ! répondit une voix que Robert hésita à reconnaître.

— Mais c'est Madeleine !

— Eh oui. Et elle n'est pas seule ! »

Il reprit, impatient :

« Allez, descendez, vous finirez après. »

Stupéfait, en haut des escaliers, Robert vit apparaître d'abord Madeleine, puis Armande. Il en resta les bras ballants, se demandant s'il ne rêvait pas…

« Mais c'est Robert ! » s'exclama Madeleine en descendant aussi vite que le lui permettaient ses chaussures à hauts talons.

Elle se précipita vers le garçon et l'embrassa sur les deux joues. Armande se contenta de lui serrer la main.

« Mais que faites-vous là ? interrogea Robert très surpris.

— Mais la même chose que toi. On vient à la noce.

— Vous êtes parents d'Anne-Marie ?

— Pas besoin d'être parents pour être invité, répliqua Fauché. Anne-Marie, je la connais depuis qu'elle était haute comme ça. »

Il abaissa sa main jusqu'à une cinquantaine de centimètres vers le sol et continua :

« Son frère venait chaque année vendanger chez nous et, quand elle a été plus grande, elle l'a suivi. Je suis venu une fois et une autre chez ses parents et ils m'ont naturellement invité à la noce. Alors, j'ai amené Madeleine et Armande. »

Robert comprit alors que Madeleine avait trouvé un protecteur et qu'Armande en profitait.

La jeune fille avait changé depuis la dernière fois qu'il l'avait vue. Elle paraissait avoir grandi, mais, en l'observant attentivement, Robert remarqua qu'elle avait beaucoup maigri. Elle n'avait que les os sur la peau.

Son visage aussi était différent, moins maquillé, plus grave. Elle avait quelque chose d'étrange qui intimida le garçon.

« Heureuse de vous avoir revu, Robert, mais il faut que nous finissions de nous préparer. J'espère que nous nous reverrons dans la journée », dit Madeleine en remontant les escaliers, suivie de Fauché.

Robert resta seul avec Armande.

« Tu vas bien ? lui demanda-t-il, bêtement.

— Ça va, ça va », lui répondit-elle sans le regarder.

Le jeune homme, plus ennuyé qu'il n'eût voulu, ne savait qu'ajouter. Ce fut Armande qui demanda en souriant :

« Alors, pas encore marié ?

— Non. Et toi ?

— Non plus. Elle reprit plus doucement. J'ai appris pour ta mère… »

Robert ne répondit pas. Il se demandait ce qu'il faisait là, en face de cette fille qu'il avait beaucoup aimée, mais qui, aujourd'hui, était pour lui une inconnue à qui il ne savait que dire. L'arrivée de Fauché le tira d'affaire. Il s'écria :

« Mais dépêche-toi, ta mère est prête ! »

La jeune fille partit sans se hâter ; Fauché, entraînant Robert, lui dit :

« Ah, ces femmes ! Il leur faut un temps pour leur toilette ! »

Ils redescendirent la rue et revinrent vers la maison de la mariée. Maintenant, les invités arrivaient de toutes parts.

Armande et Madeleine apparurent à leur tour. Denise commença à réunir tout le monde tandis que la fiancée, rayonnante, arrivait au bras de son père. Tous applaudirent, puis l'on se dirigea vers la mairie et l'église.

La cérémonie se déroula sans que Robert, encore trop bouleversé par la rencontre d'Armande, y prenne une grande part.

Sur le parvis, les invités se pressaient pour présenter les félicitations d'usage. Quand Robert embrassa son frère, Fauché lui dit dans un éclat de rire :

« Alors, et toi, à quand ton tour ? »

Le jeune homme ne répondit pas, mais constata seulement qu'Armande le regardait. Denise, sa cavalière, se tourna vers Fauché et lui répliqua :

« Attendez, on va le convaincre, aujourd'hui. »

Ces plaisanteries énervèrent Robert, qui s'éloigna du groupe et attendit que les mariés partent dans la voiture du frère d'Anne-Marie, pour aller chez le photographe.

Il s'égara dans un chemin de traverse qui débouchait dans un pré où des vaches paissaient tranquillement.

Il les contempla un instant, puis se retourna en entendant des pas approcher.

Armande arrivait, très élégante dans un ensemble à dominante jaune. Il la regarda venir, étonné de ne rien ressentir, si ce n'est un léger trouble dû à des souvenirs qui ne voulaient pas mourir.

« Je te cherchais, lui dit-elle, les autres me fatiguent.

— Ton cavalier ne va pas s'inquiéter ?

— Pas plus que ta cavalière », lui riposta-t-elle en riant.

Elle se plaça à côté de lui et laissa ses yeux se perdre dans le paysage. Robert se taisait mi-inquiet, mi-nerveux.

Sans le regarder, la jeune fille se mit à parler :

« Robert, ne crains rien. Je ne suis pas venue te relancer… Non, ne dis rien, fit-elle en voyant le geste de protestation du jeune homme. Je suis venue à cette noce pour te rencontrer, car je voudrais que tu me pardonnes.

— Mais, Armande, voyons… »

La jeune fille leva sur lui des yeux embués de larmes. Elle continua :

« Je t'ai fait marcher. Tu ne m'intéressais que pour me sortir et me fournir des alibis… Au début, ça me flattait qu'un « vieux » s'intéresse à moi. Mais je préférais les jeunes de mon âge qui me faisaient rire et m'emmenaient à des fêtes où nous nous retrouvions entre copains… Toi, tu faisais terriblement sérieux. Tu pensais mariage, tu voulais m'emmener loin de mes amis. Bref, tu m'ennuyais ! Mais tu rassurais ma mère et moi, je voulais m'amuser et passer ma jeunesse. »

Elle s'arrêta un moment. Robert était abasourdi. Il n'avait jamais imaginé qu'il avait été dupé à ce point. Il se domina pourtant et réussit à répondre sans que sa voix tremble :

« Tu étais si jeune, à l'époque… Moi non plus, je ne t'ai pas comprise. Je t'aimais, je rêvais de me marier pour t'avoir pour moi tout seul.

— Oh ! je l'avais bien compris et je sais que je t'ai fait souffrir… Si tu ne m'avais pas tant aimée, tu aurais sûrement remarqué ceux qui me tournaient autour.

— Je les avais vus, mais je ne voulais pas comprendre. »

Elle hocha la tête, jeta un coup d'œil au garçon et acheva :

« Je n'ai compris que je tenais à toi que quand tu es parti. Tu sais, ce jour où j'ai fait exprès de te braver en entrant au bras d'un garçon — je ne sais plus lequel d'ailleurs — alors que je savais que tu étais chez ma mère. Tu es parti comme si tu avais le diable aux trousses. »

Robert se rappelait si bien ce dimanche qu'il serra les poings dans sa poche, mais ne répondit pas. Armande continua :

« Quand j'ai entendu ma mère te proposer de… d'être…

— Ah, tu as entendu !

— Eh oui. La fenêtre était ouverte. Mon sang n'a fait qu'un tour et j'ai su que je t'aimais.

— Armande, qu'essaies-tu de me dire ? Que tu voudrais que… qu'on…

— Non, rassure-toi. Je me suis consolée. J'ai connu d'autres garçons… Et puis, ajouta-t-elle en souriant, même si je t'aimais, je ne viendrais pas vivre dans ton foutu pays ! »

Elle fit quelques pas vers le pré où les vaches les regardaient avec leurs bons yeux profonds.

« Non, je ne t'aime plus ; tu ne m'aimes plus et c'est très bien ainsi… »

Une bouffée de vent leur apporta un air de musique : la noce commençait. Ils l'écoutèrent un instant, puis Armande reprit :

« J'ai voulu punir ma mère en vivant la vie qu'elle vivait, en passant d'un garçon à l'autre… Au bout d'un an, j'étais enceinte ; alors, j'ai eu peur. Je ne voulais pas d'un enfant. J'ai réussi à avorter sans que personne ne s'en doute, mais, depuis, je ne suis plus la même… »

Tu sauras peut-être un jour d'autres choses que je ne peux te dire ; alors tu penseras que je t'ai aimé et que, sûrement, on aurait pu être heureux.

Sans laisser à Robert le temps de placer un mot, elle reprit le chemin et, aussi vite qu'elle put, elle partit vers le village tandis que Robert lui criait :

« Armande, attends-moi, on peut essayer de… »

Mais elle ne l'entendait plus, elle filait vers les autres et il resta seul à se demander si elle lui avait avoué sa détresse pour l'éloigner d'elle ou si elle attendait qu'il la prenne dans ses bras et revienne vers elle…

Incapable de se décider ni en un sens ni dans l'autre, il rentra à petits pas et parvint à l'entrée juste au moment où arrivaient les mariés.

XXVI

Des nouvelles

Ils dansaient tous quand les mariés s'éclipsèrent et, à leur grand désespoir, personne ne les vit partir. Ils eurent beau fouiller la maison de fond en comble, Gaby et Anne-Marie avaient disparu.

« Eh bien, dansons, laissons-leur faire connaissance et, sur le matin, nous les chercherons et leur apporterons le pot de chambre ! »

Robert aurait volontiers laissé tous les jeunes s'en aller seuls réveiller les mariés, mais Denise ne l'entendait pas de cette oreille. Elle fut la première à confectionner un mélange avec du vin blanc et du chocolat. Elle le versa dans un pot de chambre tout neuf acheté pour la circonstance. Les jeunes l'entouraient, mais elle continuait insensible aux grasses plaisanteries qui fusaient autour d'elle. Robert regardait en silence sans se mêler à cette préparation.

Les plus âgés des convives partaient les uns après les autres, laissant les jeunes aller visiter les nouveaux époux sans eux.

Robert se sentit tiré par la manche et se retrouva face à Fauché :

« J'aimerais vous dire au revoir avant de partir, jeune homme.

— Vous partez maintenant ?

— Non, seulement demain après-midi... Pourtant, j'aurais aimé discuter un peu avec vous. Vous ne croyez pas qu'on aurait eu des choses intéressantes à se dire ? »

Fauché partit, laissant Robert intrigué, mais déjà les autres l'entraînaient.

La nuit était sombre. La faible lueur des lampes municipales n'éclairait qu'un étroit cercle jaunâtre, et les chiens, surpris par ce vacarme insolite, aboyaient à qui mieux mieux. Toutes les fenêtres aveugles semblaient les narguer.

Les jeunes gens se dirigeaient vers la dernière maison du village, une masure plus vieille que les autres et que la nuit semblait tasser encore. Robert pensa que les premiers devaient savoir où se trouvaient les mariés pour se diriger si vite et si bien.

Une petite porte basse s'ouvrit à la première sollicitation et une volée d'escaliers en bois, raides et étroits les invita à monter.

Ils se précipitèrent et s'engouffrèrent les uns après les autres, se tenant à la rampe branlante. Des grincements, des craquements mêlés aux cris des filles firent, pendant quelques instants, envisager le pire. Quelqu'un cria :

« Il n'y a pas de lumière, ici ? »

Un farceur riposta :

« Que la lumière soit ! »

Mais la lumière refusa de briller, si ce n'est une pâle lampe de poche moribonde qui éclaira deux portes vis-à-vis sur un palier étroit.

Pour plus de sûreté, on frappa aux deux portes. Mais, seul, le silence répondit. Alors, sous la poussée brusque des arrivants, les portes s'ouvrirent en même temps et, dans la chambre de gauche, sur un lit de fortune, les mariés furent découverts.

Gaby s'assit sur le lit alors qu'Anne-Marie se cachait sous les draps.

Une ampoule s'éclaira au plafond, découvrant une vaste pièce à l'ancienne.

Les plaisanteries fusèrent alors que Denise et un garçon nommé Gaston présentaient aux nouveaux époux le pot de chambre avec son chocolat :

« Il faut tout boire si vous voulez avoir du bonheur toute votre vie ! »

Gaby y trempa les lèvres, mais Anne-Marie eut un haut le cœur et, au milieu des rires, replongea sous les draps.

Le dénommé Gaston acheva la mixture et, après avoir taquiné encore les mariés et leur avoir dit quelques plaisanteries salées, le groupe les quitta, leur laissant le pot de chambre en souvenir.

Dansant et chantant au milieu de la rue, les jeunes repartirent vers la maison de la noce pour manger la soupe au fromage et boire encore quelques chopines.

Robert choisit ce moment pour s'éclipser. Il en avait assez et ne se sentait pas capable de festoyer encore jusqu'à l'aube.

Pendant le trajet du retour, il songea à sa rencontre avec Fauché. Il se demanda ce qu'il avait voulu lui faire comprendre, mais n'y parvint pas. Il avait voulu lui faire passer un message, mais, lequel ? Alors, il pensa à Armande et à Madeleine, et s'imagina la vie entre les deux femmes dans leur petite maison. Pourquoi Armande, qui ne manquait pas de prétendants, ne s'était-elle pas mariée ? « Tu apprendras d'autres choses », avait-elle dit. Quelles étaient ces choses ?

Il revécut sa fureur le jour de la Saint-Barthélemy. aujourd'hui, en y repensant, il se prenait à en sourire. Les relations qu'il avait eues avec la jeune fille n'étaient pas allées plus loin que des baisers et quelques privautés. Il l'avait respectée, persuadé qu'un jour elle serait sa femme. Il se demandait s'il n'aurait pas dû aller plus loin, l'obligeant ainsi à partager sa vie… Mais non, il se trompait. Armande lui aurait échappé comme elle avait échappé à celui qui l'avait mise enceinte.

Il l'avait aimée à la folie, il le reconnaissait, mais, une fois la trahison reconnue, il s'était détaché d'elle… L'aurait-il aimée toute une vie ? Il en doutait.

Alors, il pensa à Monique. Ce qu'il ressentait pour elle ne ressemblait en rien à la passion qu'il avait vouée à Armande. C'était à la fois plus tendre, plus profond et moins fou, un amour d'adulte en somme, alors que la fougue qui le portait vers Armande avait tout de la passion d'un adolescent.

C'était un amour fait d'estime et de tendresse et non de désir et de passion… « Je vieillis, songea-t-il, on dirait un grand-père qui analyse ses sentiments. »

Il secoua la tête. Il avait beau se dire amoureux pour la vie, il était seul ! Celle vers qui allaient ses pensées demeurait obstinément muette…

Le ciel s'éclairait déjà du côté de l'est quand il arriva au village. Il descendit de voiture et tira sur sa cravate, content de se retrouver au calme et d'aller dormir quelques heures. Son chien vint en gémissant se frotter contre lui. Il lui caressa la tête en disant :

« À demain, mon brave, je vois que tout est en ordre, je m'en vais me coucher. »

Il rentra chez lui et buta contre le courrier que le facteur avait glissé sous la porte. Il se baissa pour le ramasser et, tout de suite, remarqua l'enveloppe bleue avec l'écriture de Monique !

Alors, toute fatigue envolée, il s'assit et la décacheta. La lettre était courte, d'une écriture tremblée. La jeune fille écrivait :

Cher Robert.

Merci de penser encore à moi et de m'avoir pardonné ma dérobade, mais je ne voulais pas t'encombrer d'une malade.

Mon état est stationnaire, mais ta lettre m'a tellement fait plaisir que je te réponds et voudrais bien que tu m'en écrives d'autres.

Je t'embrasse.

Monique.

Tout sommeil disparu, Robert se leva, fit le tour de la pièce, incapable de contenir sa joie.

Oubliés Armande, Madeleine, Fauché et leurs problèmes : c'était Monique qui comptait et il n'y avait plus qu'elle !

Il tira d'un tiroir papier et enveloppe et se mit à écrire avec rage. Les mots glissaient du stylo et s'alignaient, presque seuls, sur le papier ; des mots d'amour éclataient à chaque ligne, des mots de joie, de vie retrouvée et d'espérance.

Les idées allaient plus vite que sa main et, souvent, il dut raturer ou ajouter pour rendre ses phrases plus claires ou plus compréhensibles…

Il s'excusa, sur la fin, en lui disant : « Je rentre de la noce de mon frère, mes idées n'étaient pas très claires, mais j'ai trouvé ta lettre ; et, maintenant, je te dis ce que j'ai sur le cœur… Oh ! mon amour, je revis. Je ne suis plus le même homme et si tu trouves ma lettre un peu décousue ou idiote, excuse-moi mais je pense tellement à toi que je ne sais plus ce que j'écris… »

Il noircit quatre feuilles et, sans relire, les plia ensemble, les mit dans une enveloppe et alla glisser le tout dans la boîte aux lettres du village tant il avait peur d'oublier d'expédier sa lettre.

Le jour pointait à l'est. Il jugea inutile d'aller dormir. Il reprit la lettre de Monique, la relut, porta l'enveloppe à ses lèvres et se mit à pleurer sans retenue à la fois de tristesse, de joie et de soulagement.

Il ne savait plus ce qu'il faisait ni ce qu'il pensait ; la fatigue jointe à la surprise l'avait énivré plus sûrement que le vin.

Tout à coup, il plongea la tête la première sur la lettre de Monique et s'endormit comme une masse.

Il s'éveilla sur le matin en entendant aboyer le chien. Un instant, il se demanda où il était, puis il se leva et regarda par la fenêtre.

Louisou, le croyant encore au lit, venait pour s'occuper de la traite. Il le fit entrer et, tout en préparant le café, lui raconta toute son histoire.

Lui qui avait toujours été discret sur ses amours et ses rencontres se mit à lui parler de Solange, qui lui écrivait en Algérie, d'Armande qu'il avait aimée un moment, mais qui l'avait quittée, et enfin de Monique qu'il aimait comme un fou et qui allait guérir, maintenant qu'elle avait une raison de vivre…

Louisou hochait la tête, incrédule et surpris, ne faisant que répéter :

« Ben, mon vieux, ben mon vieux… »

Ils burent le café et partirent à la traite. Robert causait toujours, incapable de s'arrêter ou de parler d'autre chose que de Monique. Il projetait d'aller lui rendre visite pour constater son état et voir si elle était bien soignée.

Louisou, silencieux, faisait le travail et écoutait son ami. Il pensait à part lui : « Il a bu un coup ; le vin lui est monté à la tête, jamais il n'a été comme ça ! »

Robert, tout à sa joie, continuait à soliloquer et, sans remarquer l'ahurissement de son ami, faisait projet sur projet.

XXVII

Le voyage

LA PLUIE, EN CETTE FIN AOÛT, tombait sans arrêt. Les dernières gerbes arrivaient des gerbiers noires et moisies. Quand le soleil se décidait à paraître, dans toutes les aires séchaient les épis en attendant le passage de la batteuse. Robert rongeait son frein ; il n'avait que peu de blé, ayant préféré se tourner vers l'élevage et les prairies artificielles : luzerne, trèfle, ray-grass. Il avait davantage de bêtes et abandonnait peu à peu les céréales, qui demandaient trop de travail pour un seul homme.

Sa petite récolte était au sec dans un hangar, mais il se désolait pour les autres et ne voulait pas les abandonner avant de savoir leur récolte à l'abri. Depuis que la correspondance avec Monique était rétablie, faite de longues lettres de son côté et de mots brefs de celui de la jeune fille, il ne voyait pas l'heure et le moment de partir pour la Haute-Savoie pour rendre visite à la malade.

« C'est loin, avait dit Marc, mis au courant des projets de son ami, tu ne devrais pas y aller seul. Quelqu'un ne pourrait-il pas t'accompagner ?

— Et pourquoi ne pourrais-je pas y aller seul ? » répliqua Robert, peu disposé à s'embarrasser d'un témoin alors qu'il rêvait de se retrouver en tête à tête avec la jeune fille.

Il voulait constater par lui-même si le mieux que les médecins avaient reconnu était vraiment le commencement de la guérison. Il attendait impatiemment le temps des battages pour pouvoir enfin partir vers la haute montagne.

Début septembre, le soleil daigna se montrer à nouveau et, en quelques jours, il assécha les flaques des chemins en même temps qu'il séchait les gerbes. Les paysans, ravis, purent enfin procéder aux battages.

Robert allait préparer ses bagages les jours suivants quand, un soir où il fumait une dernière cigarette en contemplant le crépuscule mauve qui envahissait l'horizon, il vit arriver Jeannine, André et les enfants.

Le couple amenait les enfants à garder pour quelques jours. Le père d'André venait de mourir subitement, et ils ne savaient à qui les confier.

Dominique et Philippe, sept et cinq ans, avaient compris la gravité de la situation et assurèrent qu'ils seraient très sages avec tonton Robert. Secrètement, ils étaient ravis de passer une semaine à la ferme, sans école et sans contraintes. Leurs parents avaient apporté nourriture et vêtements, ce qui fit s'exclamer Robert :

« J'ai encore assez de provisions pour nourrir deux enfants !

— Je sais bien, mais j'avais peur que tu ne saches que leur donner, ils sont assez difficiles, répliqua sa sœur. Si Gaby et Anne-Marie étaient revenus de leur voyage de noces, je me serais adressée à eux et je t'aurais épargné cette corvée. Mais ils sont toujours à Paris et je n'ai personne d'autre…

— Rassure-toi, nous nous entendrons très bien.

— Après, reprit Jeannine, si tu veux descendre chez Marc, André aura quelques jours et pourra venir te remplacer. »

Robert expliqua à sa sœur son désir de rendre visite à Monique. Il raconta la reprise de la correspondance et le retard pris par les moissons qui, seul, l'avait empêché de rejoindre la jeune fille.

« Tu veux partir seul si loin ? s'étonna Jeannine.

— Écoute, tu dis comme Marc. Je ne suis plus un gamin, rien ne m'empêchera d'y aller si seulement je trouve quelqu'un pour me remplacer… »

Et c'est ainsi qu'un jeudi de mi-septembre, alors qu'un petit vent d'ouest s'essayait à jouer dans l'automne tout neuf, Robert, ayant laissé sa sœur et son beau-frère comme gardiens de la ferme et Dominique et Philippe absolument ravis, prit la route d'Annecy pour ensuite monter jusqu'à Montriond. Près de cette ville se trouvait le sanatorium du Bon Secours, où était soignée Monique.

Il ne l'avait pas prévenue de sa visite. Tout le long du chemin, malgré ses soucis, il avait envie de chanter.

De temps en temps, pourtant, il mettait un frein à sa joie, se demandant comment il allait trouver la malade, mais cela ne durait guère. Il savait qu'elle était maintenant hors de danger et que la convalescence serait longue. Mais qu'importe, ils avaient la vie devant eux, il était confiant.

Il roula toute la journée et ne s'arrêta dans un village que quand la faim le tenailla vraiment.

Il suivit une avenue bordée de platanes et entra dans une auberge pour prendre un repas qu'il pensait rapide mais qui dura deux heures !

Quand il arriva à Annecy, la nuit tombait déjà. Il tourna quelques minutes pour déboucher sur une place où deux soldats montaient une garde éternelle devant un monument aux morts. Il étudia la carte et vit qu'il était encore à une soixantaine de kilomètres de Montriond. Comprenant qu'il ne serait pas reçu ce soir-là, il se mit en quête d'un hôtel pour passer la nuit. Quelques rues plus loin, il découvrit l'hôtel des Alpes, qui parut lui convenir.

Il demanda à souper et une chambre. Quand il eut tout retenu, il alla chercher sa voiture qu'il gara dans le parking de l'hôtel.

Après s'être restauré, il sortit dans la nuit tiède pour admirer les curiosités de la ville. Il se promena tard. Une brise fraîche se leva et enveloppa la ville. Il rentra et reprit la carte. Il entoura la ville de Bonneville, où passait sa route, se coucha et dormit d'un sommeil sans rêve.

Le lendemain, une pluie fine posait un voile gris sur le paysage, escamotant les montagnes et rendant toute la campagne couleur de terre. Au petit déjeuner, Robert demanda la route de Bonneville et, malgré les explications embrouillées de la serveuse, parvint à sortir de la ville et à trouver le panneau « Toutes directions » qui, pensait-il, l'amènerait bientôt vers sa bien-aimée.

Après avoir tourné et passé plusieurs fois au même endroit, il finit par rencontrer une petite route où il put lire « Bonneville ». Il s'enfonça dans une départementale bordée d'arbres et grimpa vers le haut de la vallée.

À mesure qu'il montait, l'horizon s'éclaircissait et un pâle soleil risquait un clin d'œil malicieux entre deux nuages. Avant d'arriver à Bonneville, un panneau perdu dans les arbres et qu'il avait failli ne pas remarquer indiquait : « Sanatorium du Bon Secours 2 kilomètres. »

Il tourna à gauche et s'engagea dans une route secondaire qui s'avançait sous une voûte de branches donnant l'impression d'être la nef d'une cathédrale. Les virages se succédaient et les arbres faisaient place à des prés déjà roussis où paissaient quelques vaches.

Tout à coup, il se trouva face à face à un bâtiment tout blanc avec d'énormes baies et une infinité de petits balcons, séparés entre eux par des panneaux de bois qui les faisaient ressembler à des boîtes.

Il s'arrêta et les contempla. Fenêtres et boxes avaient, face à eux, le plus beau des panoramas dont on puisse rêver : le soleil, maintenant, illuminait les montagnes bleutées où la neige, éclatante de blancheur, paraissait tombée de la veille. L'air vif et froid le surprit. Il rêva devant ces sommets majestueux, puis dirigea ses yeux vers le bâtiment. « Sanatorium du Bon Secours » annonçaient de grandes lettres noires par-dessus une porte à deux battants arrondis sur le haut. Plus bas, près d'une sonnette, un panneau avec un doigt pointé vers la droite indiquait : « Directeur », au-dessus d'une petite porte.

Robert appuya sur la sonnette et attendit un long moment. Il se demanda s'il n'était pas trop matinal et consulta sa montre : dix heures trente. « Allons, se dit-il, ce n'est pas de bonne heure ! ».

Il allait appuyer encore une fois sur la sonnette, quand la porte s'ouvrit devant une religieuse à l'air revêche.

« C'est pour quoi ? demanda-t-elle.

— Je voudrais voir le directeur.

— De la part de qui ?

— Mon nom ne vous dira rien. Je suis Robert Baudouin, le fiancé de Mlle Monique Suau et je venais la voir.

— Si c'est pour une visite, il faut la permission du docteur. Et les visites ne sont autorisées qu'à partir de quinze heures.

— Il faut une permission de quel docteur ?

— De celui de l'établissement. Vous pouvez vous adresser à lui, premier étage, porte quatre… »

Ayant dit cela, elle lui ferma la porte au nez et le jeune homme se retrouva dehors. Il repartit vers la grande porte d'entrée que franchissait une autre religieuse. Il la suivit, monta des escaliers à sa suite et se trouva à ce qu'il prit pour le premier étage. Il ne vit pas de porte quatre.

Plusieurs portes fermées jalonnaient un interminable couloir, mais, à part la religieuse qui, maintenant, avait disparu, on ne décelait aucun signe de vie. Les murs blancs, où apparaissait çà et là, une vue d'un paysage de haute montagne, semblaient ne renfermer que du vide.

Un bruit de machine à écrire attira l'attention de Robert et, l'ayant localisé, il frappa à la porte d'où provenait le bruit.

« Entrez », cria une voix.

Il pénétra dans une pièce où deux jeunes filles travaillaient de concert. Elles levèrent les yeux vers lui et l'une d'elles lui demanda :

« Vous désirez ? »

Robert répéta son histoire à la fille qui lui expliqua :

« Il vous faut aller trouver le docteur. »

Devant l'air perplexe du jeune homme, elle ajouta :

« Je vais vous amener. Vous aurez des nouvelles de votre fiancée et c'est lui qui vous dira si vous pouvez la voir ou non.

— Mais je viens de loin exprès pour la voir et…

— Je vais vous conduire et c'est le docteur qui vous renseignera. »

Elle le précéda ; ils longèrent le couloir, tournèrent à droite et elle le fit pénétrer dans une salle d'attente où se trouvaient déjà quatre personnes.

Une longue attente commença. Robert, pour tromper le temps, examina les patients qui, paisiblement, lisaient des revues dont une table basse était garnie.

Le médecin, un vieux bonhomme aux cheveux blancs, apparut et appela une patiente par son prénom. En même temps, il lança un coup d'œil à Robert mais ne lui dit rien.

Une bonne heure après son arrivée vint enfin le tour du jeune homme. Le docteur le fit entrer et lui demanda :

« Vous ne faites pas partie de la maison ? »

Robert dut encore une fois expliquer les raisons de sa venue. Le docteur croisa les bras sur son bureau et lui dit :

« Ben, vous alors, vous ne doutez de rien ! Vous ne savez pas que les visites sont interdites dans les sanas ? Ici, il faut du repos et puis il y a les risques de la contagion !

— Vos malades ne reçoivent jamais de visites ! répliqua Robert, interloqué.

— Je n'ai pas dit cela. Mais, d'habitude, c'est nous qui décidons qui et quand. Les malades écrivent et les visiteurs peuvent venir…

— Je viens de loin, se défendit le jeune homme… Et puis je sais que ma visite fera plaisir à Monique.

— Êtes-vous vraiment fiancés ? » demanda le docteur, soupçonneux.

Totalement désemparé, Robert lui raconta le silence de Monique, son désespoir et la façon dont ils avaient repris leurs relations épistolaires.

« Voyez-vous, conclut-il, je l'aime et elle m'aime. Je suis sûr que le moral influe sur le physique et que je puis faire autant pour elle que tous vos remèdes… »

« Excusez-moi, se reprit-il aussitôt, je ne voulais pas dire… »

Le médecin se mit à rire.

« Jeune homme, l'amour que vous portez à cette jeune fille vous honore, mais savez-vous que je ne puis rien faire sans son consentement ? Je ne peux même pas vous donner de ses nouvelles ! »

Comme Robert, en proie au désespoir, se taisait, le docteur ajouta en souriant :

« Je dois voir ma patiente, cette après-midi. Je lui parlerai de vous. Si elle accepte de vous recevoir, je vous autorise à lui faire deux visites. Vous m'entendez bien, deux visites seulement ! »

« Mais attention, ajouta-t-il en voyant le visage de Robert s'illuminer, ce sera très court et seulement deux visites pas plus… Alors, venez me retrouver au troisième étage vers quinze heures trente et je vous dirai ce qu'il en est. En attendant, allez visiter le pays et revenez me voir à quinze heures trente précises. »

Il se leva pour montrer que l'entretien était terminé et lui ouvrit la porte en murmurant :

« Ah ! ces jeunes… »

XXVIII

La visite

Monique l'attendait avec un sourire fragile, des pommettes rouges et une maigreur impressionnante qui creusait ses paupières et rendait ses yeux plus brillants. Le docteur avait recommandé : « La malade est heureuse de vous recevoir. Bon, allez-y, mais ne la fatiguez pas… Deux visites de dix minutes, c'est tout ce que je vous autorise… Vous seriez venu le mois dernier, je ne vous aurais même pas autorisé à la voir. Elle commence seulement à réagir et nous pouvons espérer la guérison, mais la moindre rechute peut être fatale. Nous ne voulons prendre aucun risque, vous comprenez ? »

Robert avait promis tout ce que le docteur avait voulu. Il aurait bien promis le monde pour le plaisir de revoir Monique !

Certes, il ne s'attendait pas à la trouver au mieux, mais il eut peine à en croire ses yeux quand, ayant frappé à la porte indiquée, il ouvrit et se trouva face à la jeune fille qu'il hésita à reconnaître. Et pourtant, le sourire était bien le même et les yeux noirs qui le fixaient avec fièvre et avidité appartenaient bien à la Monique qu'il avait connue.

Il se précipita et s'agenouilla au pied du lit, baisant la petite main abandonnée pour cacher ses larmes. Il réussit à les dissimuler et c'est en souriant qu'il lui fit amicalement le reproche :

« Et alors, parce qu'on a un petit bobo, on laisse tomber ses amis !

— Pardon, balbutia Monique, tandis que ses yeux se mouillaient, je ne voulais pas…

— Chut ! chut ! reprit Robert, n'en parlons plus. Dis-moi que tu vas mieux.

— Ce n'est pas encore brillant, mais les remèdes commencent à faire effet. Je crois que je suis sur la bonne voie et l'appétit revient. »

Robert sentit que Monique ne demandait qu'à être rassurée. Il lui mentit :

« On voit que tu vas mieux. Tu as bonne mine.

— Arrêtons de parler de moi. Dis-moi, pour tes problèmes ?

— Tu avais deviné. C'est terminé, du moins, je l'espère. »

Ils se regardaient, le sourire aux lèvres. Robert, toujours agenouillé près du lit, tenait dans ses mains les mains de la jeune fille. Ils n'avaient pas besoin de parler ; ils se comprenaient en silence.

Au milieu de leur extase, l'infirmière arriva.

« Monsieur, dit-elle en s'adressant à Robert, vous devriez laisser Mlle Suau se reposer. »

Robert se leva, serrant toujours les mains de Monique et, en l'embrassant, il lui souffla à l'oreille :

« Je reviendrai demain. Soigne-toi bien ! »

Quand il fut sorti, il pensa aller trouver le docteur pour lui demander s'il était vrai qu'il y eut du mieux. Il hésitait à reconnaître dans ce corps amaigri, fatigué et fiévreux la saine jeune fille qu'il avait rencontrée il y avait à peine six mois. Il passa devant la porte où recevait le médecin mais n'osa pas aller l'importuner.

Il sortit dans l'après-midi rayonnante et se dirigea vers sa voiture. Il n'était pas seize heures et, jusqu'au lendemain, il se demandait comment il allait tuer le temps.

Sans hâte, il reprit la route avec l'intention de retourner à l'hôtel, où il avait logé la veille. Mais, avant d'arriver à la départementale, il remarqua un panneau qui indiquait diverses directions. Il s'arrêta et, réfléchissant tout haut, se dit :

« Tiens, Évian… C'est là qu'ont eu lieu les accords sur l'Algérie. Si j'allais y faire un tour ! »

Et, tournant le dos au village, où il avait dormi, il se dirigea vers Évian.

La route descendait en virages dans un paysage magnifique. Il quittait les hauteurs pour se diriger vers un lac en bordure duquel se prélassait la ville. Une végétation plus dense indiquait un climat moins rude que le village de Montriond qu'il avait dépassé. La route s'assagissait maintenant qu'il approchait. De belles villas, des chalets et des maisons plus modestes se doraient au soleil d'un automne qui ne voulait pas mourir. C'est à peine si la nature fatiguée des couleurs vives se tournait vers des teintes plus douces qui annonçaient la fin prochaine des feuilles et des plantes.

Il entra dans la ville et fut surpris d'y sentir une vie frémissante.

De beaux magasins bordaient les rues. Une foule jeune et désœuvrée se promenait, profitant des derniers beaux jours. Il gara sa voiture sur une petite place et partit, lui aussi, au hasard des rues qui convergeaient vers le lac.

Une grande étendue d'eau vert bleue, avec des baigneurs, des voiles au loin et un clapotis incessant, lui donna l'impression qu'il était en vacances. Puis il tourna le dos à la plage et partit à la recherche de l'hôtel du Parc, où avaient eu lieu les négociations.

Il tourna et retourna, se trompa, demanda son chemin et, finalement, aboutit devant un établissement moderne au fond d'un parc, d'où son nom.

Il s'étonna de s'être déplacé pour voir un hôtel si banal :

« Cette maudite guerre ne sortira-t-elle jamais de ma mémoire », se demanda-t-il en s'éloignant à petits pas vers le lac, dont l'eau verte avait des reflets glauques en cette fin de journée d'automne.

Il retourna à sa voiture, prit son sac et se mit à la recherche d'un hôtel sans prétention qui l'accueillerait pour la nuit.

Il en trouva un modeste en bordure d'une avenue où d'énormes platanes jetaient leur ombre. Il se coucha tôt, ne sachant que faire dans cette ville inconnue. Il s'endormit tout de suite mais se réveilla plusieurs fois dans la nuit en proie au même cauchemar : il était en Algérie et attaquait l'hôtel du Parc, d'où des gens sortaient en criant :

« Non, non, la paix ne se fera pas en Algérie, on va faire revenir les rappelés ! »

Il se réveilla plusieurs fois en nage, persuadé que les gendarmes frappaient à la porte pour l'envoyer à la guerre.

À l'aube, pour échapper à ces cauchemars, il se leva, se glissa dans la rue et, malgré l'air froid venu des montagnes toutes proches, il partit sur les bords du lac. La plage était déserte. Il marcha longuement, se grisant du spectacle de l'eau calme sertie dans les hauteurs neigeuses des pics majestueux.

Longtemps, il contempla ce paysage paisible. Il se croyait dans un monde vierge où la nature était belle sans être hostile ; où tous les hommes s'aimaient et où il n'y avait plus de guerres ni de maladies.

Mais, peu à peu, la vie reprenait, la ville se réveillait, des voitures et des camions circulaient vers leur travail et d'autres hommes…

Robert reprit pied dans la réalité et repartit vers son hôtel, où l'attendait son petit déjeuner. En route, il acheta un journal qu'il lut tout en trempant ses tartines dans son bol de café au lait, puis, ayant récupéré son maigre bagage, il retrouva sa voiture et se dirigea vers la montagne où l'attendait Monique.

Il descendit la vitre. L'air frais pénétra à l'intérieur et le froid lui fit du bien Plus il montait, plus l'air sentait la résine, le sous-bois et les champignons. Il songea que c'était la saison des cèpes et imagina leurs têtes brunes dans la forêt. Il dut monter la vitre, car ses mains devenaient dures de froid. Il siffla tout en dirigeant vers Bon Secours et, quand il arriva en vue de la pancarte signalant le sana, il s'arrêta. Il était à peine dix heures et il ne pourrait voir Monique avant quinze heures.

Il chercha un moyen de passer le temps. Un instant, l'idée l'effleura d'aller ramasser des champignons, mais il y renonça.

Désœuvré, il regardait le paysage quand une automobile s'arrêta à côté de la sienne et un couple, la soixantainepassée, en descendit. Pour se donner une contenance, Robert sortit une cigarette et l'alluma. L'homme ouvrit le coffre et en sortit deux chaises en toile. Les inconnus choisirent soigneusement une place face à la vallée et s'assirent, tous deux, sans un mot. Le jeune homme, ne sachant que faire, retourna à sa voiture, s'y assit un instant, puis ressortit. L'homme l'interpella :

« Vous aussi, vous venez au Bon Secours ? »

Robert se raidit : de quel droit cet inconnu se mêlait-il de ses affaires ? Il inclina la tête, mais ne répondit pas. L'autre reprit :

« Nous, nous venons tous les mois. Maintenant, ça va mieux, mais, au début, on ne nous le laissait pas voir… On venait pour rien !

— C'est votre fils ?

— Oui. Jean, reprit la femme. Un petit bien comme il faut : gentil, intelligent, il faisait des études… Et puis, voilà, cette maladie… »

Elle leva vers Robert ses yeux d'un bleu délavé où brillaient deux larmes qui ne se décidaient pas à tomber.

« Et vous, c'est pour votre femme ?

— Oui, répondit Robert, oui, c'est pour ma femme. »

Les vieux invitèrent Robert à s'asseoir auprès d'eux. Ils venaient d'un département voisin : la Savoie. Ils vivaient près d'Annecy et s'étonnaient que le jeune homme habitât si loin. Ils discutèrent de choses et d'autres et, quand vint midi, ils l'invitèrent à partager leur repas.

Robert voulut refuser, mais ils insistèrent tellement qu'il finit par céder, la femme lui rappelant sa mère. Il le lui dit et dut leur raconter sa disparition. La femme lui demanda :

« Votre femme, c'était longtemps après votre mariage ? »

Pris de court, Robert leur raconta alors la vérité. Il leur dit sa rencontre avec Monique et sa peur de la perdre quand elle avait cessé toute correspondance.

« C'est une bonne petite. Elle ne voulait pas vous contaminer, reprit la femme. Savez-vous qu'il est très facile de prendre cette maladie ? Mon fils a contacté cette maladie dans une chambre d'étudiant, à Grenoble… »

Elle expliquait cela tout en mangeant. Elle parlait, parlait de ce fils qui semblait être toute son existence. Le vieux, lui, les jambes écartées, coupait lentement le jambon sur le pain comme on le faisait à la campagne et ne se mêlait pas à la conversation.

Quand la femme eut tout rangé, elle sortit une petite Thermos bleu et versa du café dans des verres. Elle servit Robert dans le couvercle de la Thermos en s'excusant :

« Je n'ai pas pris de verres pour vous. Je ne m'attendais pas… »

Le jeune homme remercia et se déclara confus, mais les deux vieux furent unanimes pour répliquer :

« Oh ! vous n'avez pas à vous excuser. Vous nous avez fait passer le temps ; et le temps c'est ce qui passe le moins vite dans ce genre de maladie. C'est nous qui vous remercions. »

Ils prirent le chemin du sana tout de suite, car l'homme dit en soupirant :

« Quelquefois, ils laissent rentrer un peu plus tôt, autant aller y voir.

Ce fut ce qui se passa, ce jour-là. À quatorze heures quarante cinq, les portes furent ouvertes. Les visites n'étaient pas nombreuses et Robert se précipita vers la chambre de Monique.

Comme le temps était beau, on l'avait installée au solarium, une de ces petites alvéoles qui avaient tant intrigué Robert.

Bien couverte, à moitié assise sur une longue chaise, Monique paraissait en meilleur état que la veille.

Le jeune homme l'en félicita, puis il raconta sa visite à Évian et sa rencontre avec le couple plus âgé.

« Décidément, lui dit Monique dans un sourire, tu as un mal fou à oublier cette guerre, car tu es allé à Évian pour ça, n'est-ce pas ? »

Robert dut bien l'avouer et fut étonné de la clairvoyance de la jeune fille. Il le lui dit et essaya de la faire rire à ses dépens :

« Je ne pourrai jamais rien te cacher. Qu'est-ce que je vais faire si tu devines toutes mes pensées ? »

Ils en rirent ensemble et, ce jour-là, firent tellement de projets d'avenir que l'heure de la séparation arriva sans que ni l'un ni l'autre n'y ait songé…

Il fallut partir, s'arracher à l'étreinte de Monique qui suppliait :

« Tu m'écriras, dis, tout de suite quand tu seras arrivé ! »

Robert promit tout ce qu'elle voulut et partit en cachant ses larmes sous un sourire de commande.

Il chercha à voir le médecin ; mais, ce jour-là, il était absent. Ne sachant que faire, après avoir tourné un moment dans la cour en vain, pensant apercevoir la malade, il prit la route et partit dans la douceur de l'après-midi.

XXIX

Adieu Armande

LES MOIS PASSÈRENT. Monique allait de mieux en mieux, mais si lentement que Robert, impatient, se morfondait et passait par de longues périodes d'abattement.

Maintenant, la jeune fille pouvait se lever et se promener dans le parc qui entourait l'établissement et elle parlait même de son retour. L'été était à présent terminé et l'hiver encore une fois s'installait dans le pays. Robert, qui s'était senti revivre avec les beaux jours, voyait de nouveau arriver la saison du verglas, du gel et de la neige, la saison où il ne pourrait bouger de chez lui, la saison où il ne pourrait aller visiter la malade.

Il songeait à retourner dans les Alpes, mais tous ses amis s'étaient joints à Monique pour le dissuader de ne pas emprunter des routes verglacées pour une visite de quelques minutes.

Le plus sûr argument qui arriva à convaincre le jeune homme fut l'inquiétude de la jeune fille, qui lui dit qu'elle ne vivrait pas si elle le savait sur les routes enneigées de la haute montagne.

Les lettres étaient leur seul lien. Monique noircissait de longues feuilles de papier, lui racontant dans le détail les menus faits de sa vie quotidienne en même temps qu'elle l'entretenait de ses progrès.

Elle prenait ses repas dans la salle commune depuis pas mal de temps et avait fait connaissance de plusieurs autres pensionnaires.

Elle avait rencontré Jean, le fils des deux personnes qui avaient été si aimables pour Robert. Il était sur le point de quitter l'établissement à la grande joie de ses parents. Il l'avait présentée à eux et ils l'avaient félicitée d'avoir un si charmant fiancé. Dans une lettre où elle lui avait parlé du jeune homme et de ses parents, elle concluait en disant :

« Tu leur as fait une si grande impression qu'ils seraient prêts à te proposer du travail. Ils ont une grande ferme qu'ils exploitent, mais ils commencent à prendre de l'âge et le travail est dur. Jean ne pourra le faire ; d'ailleurs, il ne s'intéresse pas à l'élevage.

Ils m'ont demandé si tu serais disposé à reprendre la ferme avec des conditions exceptionnelles. Ils font de l'élevage et donnent le lait à une coopérative qui fabrique le comté. J'ai répondu que toi aussi tu avais une ferme et que tu aimais ton travail, mais que je ne pensais pas que tu quitterais ton pays pour venir ici. C'est bien ce que tu penses, n'est-ce pas ? »

Monique avait la plume facile et beaucoup d'humour. Maintenant qu'elle était rassurée sur sa santé et sur l'amour de Robert, elle racontait et se libérait pour la plus grande joie de Robert, qui répondait plus brièvement. Le temps lui manquait quelquefois et aussi il craignait que les petites histoires du village n'intéressent pas la jeune fille.

Et pourtant, tous les deux jours, il écrivait quatre pages qui étaient pour la jeune fille des rayons de soleil plus chauds que ceux qu'elle prenait dans le solarium !

Maintenant que les travaux étaient moins pressants, Robert recommençait à se lancer dans les recettes de cuisine et la confection de nouveaux plats bien que ce ne soit toujours pas de gaieté de cœur. « Décidément, se disait-il, je n'aurais pas fait cuisinier ! » Mais cela l'occupait et il se disait qu'il serait fier, plus tard, d'aider Monique quand elle serait de retour, car il rêvait de ce retour…

Dès qu'elle pourrait quitter le sana, ils se marieraient. Qu'importe s'ils ne faisaient pas une grande fête : l'essentiel était qu'ils soient ensemble, ils ne se mariaient pas pour les autres ! Mais, s'ils s'étaient avoué leur amour, jamais encore ils n'avaient parlé mariage et Robert, sans oser l'avouer, redoutait que Monique n'invoque sa maladie pour retarder la cérémonie.

Dans les longues lettres qu'il lui envoyait, il était souvent resté le stylo en l'air, se demandant : « Je lui parle mariage ou pas ? » Mais il n'avait jamais laissé courir les phrases qui lui demandaient sa main. Quand la lettre était partie, il se traitait de tous les noms, mais recommençait à la correspondance suivante…

On était vers le milieu janvier. Le temps était maussade et une pluie froide noyait les prés, les champs, le village, devenant brume sur les sommets et neige au mont Lozère qu'elle empanachait de blanc. Le facteur venait de passer et, au lieu d'une lettre de Monique qu'il attendait avec impatience, il n'y avait que quelques prospectus et le journal.

Il vaqua à ses occupations coutumières et, vers la fin de la matinée, se mit à feuilleter le journal.

Il sauta la première page et commença à lire les potins de la région, puis, en tournant les pages, il tomba sur la rubrique nécrologique.

Alors les mots lui sautèrent aux yeux et il faillit laisser tomber le journal :

« Madame Madeleine Richard a la douleur de vous annoncer la mort d'Armande Richard à l'âge de vingt-quatre ans. ».

L'enterrement aura lieu, le mardi à dix heures trente, à Saint-Christol.

Anéanti par cette nouvelle, il s'assit à la table et, la tête dans les mains, il se mit à penser à Armande. Qu'avait-elle pu avoir pour mourir aussi vite ? Il l'avait trouvée changée au mariage de son frère, mais elle ne paraissait pas malade. Vingt-quatre ans, c'est pas un âge pour mourir, se répétait Robert, atterré.

Peut-être avait-elle eu un accident. Il reprit le journal pour voir si la mention décès accidentel était inscrite, mais non, rien, il n'y avait rien.

Malgré lui, les larmes coulaient de ses yeux. Il avait beau ne plus aimer la jeune fille, elle tenait toujours une place spéciale dans son cœur et dans ses pensées. Elle l'avait fait souffrir, mais il ne lui en voulait pas et l'excusait pour beaucoup de choses, pensant que l'influence de sa mère était la cause de leur séparation et de la vie fofolle qui avait été celle d'Armande après leur rupture.

Il pesta encore une fois contre lui-même pour n'avoir pas fait installer le téléphone. Il aurait appelé

Marc, qui lui aurait appris ce qui était arrivé à la jeune fille.

Il en était encore à ses réflexions quand il vit arriver Gaby et Anne-Marie. Depuis leur mariage, le jeune couple avait un appartement à Mende, où Anne-Marie avait trouvé un emploi de vendeuse avant de tenir la comptabilité du garage que son mari rêvait toujours de monter.

Robert fut surpris. En général, c'était le soir que le couple venait le visiter. Ils buvaient un café, prenaient des nouvelles de Monique, discutaient quelque temps et repartaient vers la ville et vers leur travail.

Quand ils entrèrent, oubliant de leur dire bonjour, Robert les interpella :

« Vous savez ce que je viens d'apprendre ? »

Il chercha le journal et leur montra la page ouverte où s'inscrivait la mort de son amie.

« Oui, répondit Gaby, nous sommes au courant et c'est pour ça que nous sommes venus te voir.

— Mais qu'est-ce qu'elle a eu pour mourir si vite ?

— Elle s'est suicidée.

— Quoi !

— Eh oui, c'est incroyable, mais c'est comme ça. »

Anne-Marie pleurait en silence et Robert était bien près de l'imiter. Après un moment, il demanda :

« Comment ?
— Elle a pris des cachets. »

Les pleurs de la jeune femme redoublèrent. Robert considérait son frère, incrédule.

« Pourquoi, mais pourquoi ? »

Personne ne répondit. Ils étaient assis tous les trois autour de la table, où le silence régnait en maître. Robert ne songeait même pas à offrir une boisson à son frère et à sa belle-sœur. Ce fut Gaby qui se leva, sortit les verres et servit en silence un peu d'eau à chacun. Avant de partir, il dit à Robert :

« On va à l'enterrement. Si tu veux venir, on te prendra. »

Le jeune homme opina de la tête, puis, reprenant ses esprits et regardant la pendule, il leur proposa :

« Vous voulez manger ?
— Oh ! si tu as quelque chose, sinon… »

Robert sortit la charcuterie qu'il tenait en permanence dans le buffet. Il alla chercher des œufs pour faire une omelette ; son frère l'en empêcha :

« Laisse, ça ira très bien comme ça. Nous n'avons pas très faim. »

Ils s'attablèrent en silence. Robert demanda :

« C'est par le journal que vous l'avez appris aussi ?
— Non. C'est Marc qui a téléphoné, ce matin, et qui a dit de t'avertir. »

Ils mangèrent du bout des lèvres et n'acceptèrent qu'un peu d'eau et une tasse de café, puis partirent vers leur travail en recommandant à Robert d'être prêt le lendemain à sept heures.

Après leur départ, le jeune homme erra dans la maison comme une âme en peine. Il avait du mal à se persuader de l'incroyable nouvelle : Armande suicidée…

C'était invraisemblable de la part d'une fille si pleine de vie. Peut-être était-ce un crime. Quelqu'un l'aurait assassinée et aurait maquillé sa mort en suicide ! Oui, se disait-il, ça ne peut être que ça. Une fille comme elle ne se suicide pas ! Pourtant, il devait reconnaître qu'elle avait changé et qu'au mariage de Gaby elle lui avait paru bizarre.

Il admira sa petite cuisine et se rappela que c'était pour elle qu'il l'avait construite ; pour elle qu'il avait fait toutes ces réparations qui lui servaient si bien, aujourd'hui…

Son cœur se serrait ; il ne pouvait penser à autre chose qu'à Armande couchée, sans vie, dans la maison de Madeleine.

Madeleine, il l'avait oubliée. Elle devait se sentir bien seule… Bah ! se dit-il méchamment, elle se consolera. Si elle n'avait pas été si volage, peut être qu'Armande ne se serait pas suicidée ! Il s'arrêta : il devenait méchant. Que savait-il de la vie de Madeleine et d'Armande ? Peu de chose, en vérité.

Il avait fréquenté la jeune fille, mais reconnaissait qu'il ne la connaissait que superficiellement. Il avait aimé Armande avec passion. Elle savait tout de lui, mais elle lui avait soigneusement caché sa vie antérieure. Elle était si jeune quand il l'avait rencontrée, presque une enfant ; alors, il avait cru qu'elle n'avait pas de passé, pas de désirs autres que pour lui, pas de souvenirs…

Armande l'avait écouté en se jouant, quelquefois avec impatience, mais n'avait jamais rien dévoilé sur elle qu'il n'eût su déjà.

Jamais, il n'y avait fait attention, mais, aujourd'hui, il pouvait dire qu'il n'en savait pas plus sur elle qu'Anne-Marie, Gaby ou Marc. Aurait-elle eu un secret qu'il ne l'aurait pas découvert… Mais non, elle paraissait être sans problème. Du moins quand il la fréquentait, après, il ne pouvait savoir.

Le soir, après avoir prévenu Louisou pour la traite du lendemain, il prit une feuille et décida de confier son chagrin à Monique. Bien sûr, elle connaissait l'existence d'Armande par ce qu'il lui en avait raconté, mais il fallait lui annoncer la triste nouvelle.

Quand il fut devant la page, aucun mot ne lui vint. Il ne pouvait rien écrire sinon qu'Armande était morte et qu'il avait de la peine. La feuille qu'il avait choisie paraissait bien trop grande. Ce qu'il arriva à écrire tint en quelques lignes et alors qu'il n'en avait jamais parlé auparavant, il conclut sa lettre en disant :

« Ma Monique bien-aimée, j'ai le cœur si bouleversé par cette étrange disparition que ce que je n'ai jamais osé te dire, je le confie à ces pages : "Veux-tu être ma femme, et j'aimerais que ce soit le plus tôt possible ? Je sens qu'autour de moi les gens que j'aime me quittent ; alors, toi, ma bien-aimée, reste avec moi pour toujours !" ».

XXX

Scrupules

L'ENTERREMENT TIRAIT VERS SA FIN. Groupés devant l'église, sur la petite place entourée de maisons, Robert, Gaby, Anne-Marie et Marc, qui n'avaient pas pu pénétrer dans l'édifice, tentaient vainement de suivre le déroulement de l'office au milieu de figures connues ou d'inconnus qui se pressaient nombreux dans un silence religieux.

Un clair soleil d'hiver illuminait les amandiers dont les branches bourgeonnantes n'allaient pas tarder à laisser éclater leurs étoiles blanches. Robert les contemplait avec un énorme poids sur l'estomac. Comment cette beauté pouvait-elle exister alors que l'on portait en terre un être si jeune, une fleur sauvage à peine entrouverte ?

Maintenant, la foule s'écartait alors que le cercueil, placé sur un catafalque, était tiré par un cheval qui, doucement, se dirigeait vers le cimetière.

Madeleine suivait, un voile noir dissimulait son visage, et elle pressait un mouchoir sur ses lèvres. Une jeune fille que Robert ne reconnut pas la soutenait dans sa marche. Ensuite venaient des jeunes à peu près de l'âge d'Armande, qui avançaient en baissant les yeux.

Tous ceux de la place suivirent le cortège qui quitta rapidement la route pour prendre un chemin bordé de vignes qui parvint quelque trois cents mètres plus bas devant un portail noir.

Tout près de ce portail, séparé par un muret, son frère jumeau était fermé. Le cimetière était divisé en deux : un côté catholique, un côté protestant. L'on se dirigea vers le cimetière catholique et là, après quelques prières et une bénédiction, le curé s'en alla suivi des enfants de chœur, du cheval et du catafalque. Robert contempla le cercueil jusqu'à ce qu'il disparaisse dans la fosse, puis il suivit la foule et, comme les autres, jeta une poignée de terre sur ce qui, dans la vie, avait été une jeune fille rieuse.

Un peu plus loin, Madeleine, toujours soutenue par la jeune fille, se laissait embrasser, réagissant à peine aux condoléances que lui murmuraient ses amis. Quand vint le tour de Robert, elle essaya de lui parler, mais ne le put tellement était grande son émotion. Elle le serra contre elle et parvint à balbutier :

« Si vous lui étiez revenu, elle ne serait pas morte ! »

Le jeune homme se raidit, se dégagea et s'éloigna rapidement sans attendre Marc qui, ce jour-là, boitait bas. Quand ils furent sortis du cimetière, Marc lui demanda :

« Pourquoi es-tu parti si vite ? J'avais peine à te suivre ! »

Alors, Robert se mit à pleurer et lui répéta les paroles de Madeleine.

Marc ne répondit pas, mais, au bout d'un moment, lui dit :

« Hier, j'ai été faire une visite et Madeleine m'a dit que tu passes la voir, qu'elle avait quelque chose à te remettre. »

Robert se tourna vers son ami :

« J'ai peur, Marc, j'ai peur de ce qu'elle a à me dire.

— Je crois que tu n'as pas le choix. Si tu n'y vas pas, tu auras encore plus de remords. Cela dit, ce n'est pas à cause de toi qu'elle est morte. »

Robert hésita. Certes, il voulait savoir ce qui était arrivé à Armande, mais rencontrer Madeleine paraissait au-dessus de ses forces. Il commença à se chercher de mauvaises excuses pour retarder cette entrevue.

« Aujourd'hui, je ne peux pas faire attendre Gaby ; je reviendrai une autre fois…

— Anne-Marie et moi, on a toute notre journée, répliqua Gaby quand il lui en parla, vas-y, on t'attendra

— Mes parents vous invitent à manger, continua Marc. En t'attendant, je montrerai le pays à Gaby.

— Prends ton temps, ajouta Gaby, inconscient du drame que vivait son frère, je t'amènerai en voiture. »

Il n'y avait aucune excuse à opposer à ce plan et c'est ainsi que, vers trois heures de l'après-midi, Robert, le cœur serré, montait les escaliers de Madeleine.

Il se rappelait combien il aimait, autrefois, se réfugier dans cette maison qui était, pour lui, le paradis. Il frappa à la porte et, lorsqu'il pénétra à l'intérieur, il retrouva la pièce presque comme s'il l'avait quittée la veille.

Assise près de la fenêtre, Madeleine regardait le paysage sans avoir l'air de le voir. Elle se retourna à l'entrée du jeune homme et lui dit tristement :

« Merci d'être venu. Je croyais que vous seriez parti.

— Je ne resterai pas longtemps, fit Robert, sautant sur l'occasion, car les jours sont courts et les bêtes m'attendent.

— Toujours vos bêtes ! Elles passent avant les gens ! »

Le jeune homme ne répondit pas. Il prit une chaise, s'assit face à Madeleine et lui demanda doucement :

« Racontez-moi tout.

— Que voulez-vous que je vous raconte ? Je ne sais rien moi-même ! J'étais chez Fauché. Je suis rentrée tard, elle était couchée. Le lendemain quand j'ai vu qu'elle ne descendait pas, j'y suis allée et je l'ai trouvée… »

Madeleine se mit à pleurer à petits sanglots tout en regardant toujours vers l'horizon.

« Mais pourquoi a-t-elle fait cela ? »

Madeleine saisit son mouchoir, s'essuya les yeux et se tut.

« Mais enfin, s'impatienta Robert, il doit bien y avoir une raison. Elle ne vous avait pas dit quelque chose… Ou alors, c'est un accident.

— Non, ce n'est pas un accident. Elle m'a écrit qu'elle avait marre de la vie.

— Mais pourquoi ? Pourquoi ?

— Pourquoi vous, vous l'avez laissée tomber ?

— Pardon ?

— Oui, j'ai bien vu à la noce de votre frère que vous êtes partis ensemble. Elle se faisait une telle joie de vous revoir. Elle croyait que vous l'aimiez comme elle vous aimait… Après le mariage, elle a attendu, attendu, mais rien n'est jamais venu. »

Robert se sentait mal à l'aise. Il ne savait si Madeleine disait vrai ou pas, mais ses paroles s'enfonçaient en lui comme un fer rouge. Il répliqua :

« Vous vous trompez, Madeleine, il n'y avait rien entre nous.

— Allons donc ! Il y avait bien eu quelque chose, autrefois !

— Oui, mais c'était fini depuis longtemps.

— Pour vous, peut-être, mais pas pour elle.

— Vous vous trompez, c'est elle qui m'avait quitté, pas moi.

— Elle était trop jeune à cette époque, et vous n'avez pas compris. »

Robert ne répondit pas et Madeleine se remit à pleurer en silence. Après quelques minutes, elle se leva, partit dans la pièce à côté et revint en tenant, à bout de bras, une enveloppe cachetée qu'elle tendit à Robert.

« Pour Robert Baudouin », lut-il de l'écriture d'Armande, avant de l'ouvrir, les doigts tremblants.

« Osez dire maintenant qu'elle vous avait oublié », lui dit Madeleine.

À l'intérieur, une mince feuille de papier portait seulement ces mots :

« Pardon, Robert, pour le mal que je t'ai fait. »

Il reposa le tout sur la table, sans un mot.

« Vous voyez, reprit Madeleine, au moment de mourir, elle a pensé à vous !

— Oui, pour me demander pardon, fit-il en lui tendant la feuille.

— Mais enfin, vous ne comprenez pas qu'elle vous aimait et que c'est à cause de vous qu'elle est morte, fit Madeleine en se dressant pour accuser Robert. Quand elle était jeune, elle s'est peut-être moquée de vous, mais elle vous aimait. Après votre départ, elle n'a plus été la même. »

Robert se retint pour lui rappeler que c'était elle qui était cause du changement de sa fille. Elle avait essayé de le séduire et Armande en avait été le témoin… Mais il renonça à accabler encore cette mère. Madeleine continua :

« Vous, vous étiez plus âgé et plus raisonnable, vous auriez dû la comprendre, la soutenir… Elle était si fragile ma petite fille ! Elle se laissait entraîner. Après vous, elle a suivi un groupe de vauriens qui se soûlaient et se droguaient. J'ai essayé de la sortir de là, mais c'était impossible. J'ai appris qu'elle avait attendu un enfant et qu'elle avait avorté. Je me demande encore aujourd'hui qui a payé. Et puis elle a continué. Il y a longtemps qu'elle voulait en finir avec la vie. Elle a fait deux tentatives de suicide… Ils sont tous comme ça, ses amis… Que vouliez-vous que je fasse ? Elle ne m'écoutait pas. Vous, elle vous aurait écouté. Quelquefois, elle disait en parlant de vous : “Ah, Robert, c'était un type bien ! maintenant, c'est trop tard !”

» … C'est pour ça que j'ai insisté pour l'amener à la noce. Je savais qu'elle vous rencontrerait et que, peut-être… Mais vous n'avez rien voulu comprendre, vous n'avez pas voulu lui venir en aide alors qu'elle criait au secours !

— Je vous assure, madame, que…

— Partez, partez, vous n'avez rien à faire ici, vous n'avez apporté que le malheur. Là où elle est, ma petite fille est heureuse loin de la drogue et de ses copains qui lui ont fait tant de mal… Mais c'est vous, fit-elle en pointant un doigt accusateur vers Robert, c'est vous qui l'avez tuée en ne l'écoutant pas alors qu'elle venait vers vous pleine d'espoir… »

Et, vivante image de la douleur, elle ouvrit la porte et lui indiqua la sortie en criant :

« Allez au diable et que vous n'ayez pas un seul jour de repos ! »

Robert dévala les marches comme s'il avait le diable à ses trousses et se dirigea vers la maison des parents de Marc dans un état second. Au détour d'un chemin de vignes, il rencontra son ancien patron ; il ne le reconnut que quand ce dernier l'interpella :

« Ben, dis donc, Robert, tu ne me dis plus bonjour ! »

Robert leva sur lui un regard si hagard que l'autre eut peur :

« Mais que t'arrive-t-il ? Tu es malade ? »

Le jeune homme, incapable de répondre pendant quelques instants, finit par balbutier :

« Madeleine ! Madeleine, elle m'accuse de l'avoir tuée ! »

L'homme considéra Robert avec pitié, puis lui dit en confidences :

« Mon pauvre garçon, n'aie aucun scrupule de ce côté-là. Armande t'avait oublié depuis longtemps. Elle faisait la vie avec tout un groupe d'Alès, des garçons et des filles qui n'ont pas très bonne réputation. Ils volent, se droguent, vivent la grande vie sans travailler… Tu vois le genre. Et, dans la bande, Armande n'était pas la dernière. Madeleine n'y voyait peut-être que du feu, mais il y avait deux ou trois ans que ça durait… De temps en temps, la police en arrêtait un, mais il était libéré tout de suite. Faut croire qu'ils avaient des amis haut placés… Armande était la maîtresse de leur chef, tout le monde le savait ! Alors, que Madeleine te dise que c'est à cause de toi… Combien ? Trois ou quatre ans après ? C'est ridicule. Elle a sûrement des remords pour avoir laissé sa fille fréquenter cette bande et elle se décharge sur toi… Viens à la maison, conclut-il, un bon café ne te fera pas de mal. Mais, je t'en prie, reprit-il en voyant l'air toujours aussi désespéré de Robert, tu n'es pour rien dans cette malheureuse affaire ; alors, oublie-la !

De retour au mas, Robert était encore sous le choc. Marc l'attendait et vit, tout de suite, que l'entrevue s'était mal passée. Robert l'entraîna vers les vignes et lui raconta tout, sans omettre les éclaircissements de son ancien patron. Il termina en disant :

« Je me demande qui a raison. M'avait-elle oublié ou a-t-elle rejoint cette bande par désespoir ?

— Robert, cesse de te culpabiliser. Ton patron a raison. Armande vivait une drôle de vie. Je ne t'en avais jamais parlé parce que je savais que ça te ferait de la peine, mais elle s'était acoquinée avec cette bande et on ne comptait plus les faits divers les concernant... Je l'avais rencontrée plusieurs fois et jamais elle ne m'avait parlé de toi. Il est possible que votre rencontre, à la noce de Gaby, lui ait donné des remords, mais tu n'y es pour rien. Quant à Madeleine, avant d'accuser les autres, elle devrait regarder un peu sa propre vie et l'exemple qu'elle a donné à sa fille. Ne me dis pas qu'elle t'a jamais provoqué ! »

Robert se souvint du jour où il s'était arraché à ses caresses, sur le pas de sa porte, et opina de la tête.

« Rassure-toi, tu n'as pas été le seul, et je suppose qu'il y en aura encore. Aujourd'hui, elle est sous le choc, mais ça ne durera pas ! »

Le jeune homme baissa la tête :

« N'empêche, j'aurais dû comprendre !

— Non, Robert, tu n'aurais rien pu empêcher, il était trop tard. »

Scrupules

Robert ne pouvait s'empêcher de se sentir coupable et, dans la nuit glaciale, en remontant vers la Lozère, alors qu'Anne-Marie et Gaby causaient de choses et d'autres, il ressassait tout ce qu'il avait appris et se disait que le fantôme d'Armande risquait de revenir longtemps le hanter.

XXXI

Et la vie continue…

L'HIVER AVAIT PASSÉ. Le printemps finissait et Monique annonçait son retour pour le milieu de l'été. Tout aurait dû être clair pour Robert, mais il restait marqué par la mort d'Armande et le refus de Monique de se marier « à la sauvette » comme elle le lui avait écrit :

« Tu me demandes ma main, alors que tu es sous le coup de la douleur de la mort d'Armande. Je pense que c'est une réaction de défense contre tes propres souvenirs et ce n'est pas bon pour commencer notre vie. Laissons couler le temps et puis, si tu m'aimes vraiment, nous pourrons nous marier… »

Robert avait protesté : il aimait Monique comme il n'avait jamais aimé Armande. Sa passion pour une jeune fille à peine sortie de l'adolescence était toute physique… Mais Monique, il l'aimait d'une façon qu'il ne pouvait exprimer : elle était l'unique, celle qu'il attendait, qu'il avait crue perdue et qu'il avait retrouvée…

Tout cela, il le lui avait dit et redit dans ses lettres ; il était allé la voir, deux fois, et le lui avait répété de vive voix tout en guidant ses pas dans le parc de Bon Secours.

Mais la jeune fille, avec un sourire tendre qui lui broyait le cœur, n'avait pas voulu le suivre dans cette voie.

« Tu sais, Robert, lui avait-elle dit, je sais que tu m'aimes et que ton attachement pour les autres jeunes filles qui ont traversé ta vie ne sont plus que de beaux souvenirs, mais il faut que moi aussi je m'habitue à la vie après ces années de prison. Je ne voudrais pas qu'un jour tu regrettes…

— Jamais !

— … Je ne voudrais pas que tu lies ta vie avec une malade…

— Tu ne vas pas recommencer !

— Robert, je suis guérie. C'est ce qu'on me dit ici, mais une rechute est toujours possible… Écoute ; je me donne six mois. Si, au bout de ce temps-là, tu veux toujours de moi et que ma santé soit complètement rétablie, on se mariera.

— Six mois ! C'est long ! »

Maintenant, du haut de sa faucheuse, il pensait à tout cela en coupant l'herbe odorante.

Il se désespérait d'arriver un jour à stabiliser sa vie. Il y avait huit ans qu'au volant de son tracteur tout neuf il partait joyeux pour commencer une vie d'agriculteur qui, en y incluant la modernité, plus de liberté et de loisirs et une entente entre paysans devait l'amener à vivre agréablement dans la voie qu'il avait choisie. Mais, au bout du champ qu'il labourait, était apparue la voiture bleue des gendarmes et cette rencontre avait sonné le glas de ses rêves.

Il avait fallu tout abandonner pour aller défendre d'autres paysans, des colons qui avaient fondé des villages et des fermes en se battant contre des gens qui voulaient reprendre cette terre où ils étaient nés et qu'ils pensaient leur appartenir… Où était la vérité ?

Cette guerre absurde, qui lui avait fait rencontrer la violence, avait brisé sa vie aussi sûrement qu'elle avait bouleversé son cœur. Après cela, il n'avait plus jamais été le même.

Il s'était brouillé avec son père, alors qu'auparavant il supportait ses colères ; la fille qu'il avait aimée ne l'aimait pas et celle qui lui était indifférente le poursuivait…

Ses parents étaient morts, ses amis partis ; il se retrouvait seul à travailler comme un homme sans avenir. Maintenant, alors qu'il croyait toucher au but, ne voilà-t-il pas que sa fiancée, elle-même, se dérobait.

Il lui prit une envie de tout quitter, d'abandonner cette propriété et d'aller par les routes à la recherche d'il ne savait quoi…

Cette guerre avait fait de lui un vieillard avant l'âge, désabusé et malheureux qui errait dans un monde qui avait continué à tourner alors que lui, pendant un an, vivait une expérience au rebours.

Il avait arrêté le tracteur et réfléchissait appuyé sur le volant quand il s'entendit interpeller :

« Dis, parrain, tu me prends sur ton tracteur ? »

Et, la petite Cathy, sans attendre la réponse, tendait ses petites mains pour qu'il la soulève et la pose sur le siège, à ses côtés.

Il aperçut Marc, qui arrivait lentement et, saisissant son appareil photographique, fixait cet instant sur la pellicule.

« Quel bon vent vous amène ? demanda-t-il en embrassant Cathy et en la déposant sur le siège.

— Une bonne nouvelle. Solange a hérité de la maison de sa grand-mère et nous voulons y faire quelques réparations. Alors, on est venus voir ce qu'on peut faire sans trop dépenser d'argent. J'en profite pour te faire une visite… Mais, dis donc, reprit-il en le fixant, tes lettres ne nous ont pas encombrés !

— Tu sais bien que je n'ai pas le temps, répliqua Robert en englobant dans un large geste tout le pré à faucher.

— Allons donc, je pense que tu écris à d'autres. »

Robert ne répondit pas. Il descendit du tracteur à la grande déception de Cathy :

« Parrain, tu ne veux plus te promener ?

— Si, si, je parle un peu avec ton papa.

— Qu'y a-t-il encore, fit Marc en contemplant son ami, ça ne va pas avec Monique ? »

Robert haussa les épaules :

« On ne peut pas dire ça. Elle prétend m'aimer mais ne veut se marier que dans six mois…

— Six mois ! ce n'est pas un drame.

— Ah ! toi aussi tu penses que je n'ai pas encore assez attendu. »

Il soupira et continua :

« Six mois, alors que nous pourrions être heureux tout de suite !

— Elle veut être sûre de sa guérison.

— Oui, c'est ce qu'elle dit, mais je me demande si ce n'est pas la mort d'Armande qui est cause de tout. Elle croit que je l'aime encore. »

Marc sourit et haussa les épaules :

« Armande, c'était un amour de jeunesse. Monique est assez intelligente pour le comprendre.

— Je crois que j'ai fait une gaffe. Je ne lui avais jamais parlé mariage et je lui ai demandé sa main le jour où j'ai appris le suicide d'Armande. J'étais sous le choc. Je lui ai tout écrit et, en même temps, je lui ai demandé de devenir ma femme. Je crois qu'elle l'a mal pris. »

Marc ne répondit pas tout de suite, puis constata :

.« Tu as eu une drôle d'idée, c'est vrai... Mais enfin, elle savait que tu l'aimais et qu'un jour ou l'autre tu lui parlerais mariage. Que tu l'ai fait à l'occasion de la mort d'Armande, c'était maladroit, mais ça ne change rien.

— Je l'ai sûrement vexée !

— De la manière dont tu m'avais parlé d'elle, je pense qu'elle ne s'est pas arrêtée sur cette maladresse... Non, Robert, tu te fais des idées, c'est sa maladie qui la tracasse, pas un quelconque caprice... »

Un peu rassuré, Robert, à la grande joie de Cathy, reprit sa place sur le tracteur et allongea quelques andains de foin. La petite fille tapait des mains, Marc la surveillait du coin de l'œil. Il s'approcha et voulut la faire descendre. Cathy poussa de véritables hurlements.

« Pourquoi tu ne la laisses pas, s'étonna Robert, elle ne risque rien.

— Je vois bien qu'il faut que tu la surveilles, elle te retarde.

— Monte, toi aussi, tu la tiendras, je serai plus tranquille et on pourra discuter. »

Marc se hissa sur le tracteur et prit Cathy sur ses genoux. Elle babillait sans arrêt, empêchant les deux hommes d'échanger la moindre parole. Quand le pré fut entièrement fauché, Robert arrêta le tracteur et ils descendirent tous les trois. La petite s'amusait à tirer les marguerites et les scabieuses, dont les têtes blanches et mauves pointaient entre les herbes.

Robert se retourna et contempla son travail. Il se baissa pour tirer quelques plantes qui avaient échappé à la lame et, sans dire un mot, froissa une touffe d'herbes dans sa main.

Marc le regardait, un sourire vague sur les lèvres :

« Tu es heureux, Robert, au milieu de tes champs, avec tes vaches, ton tracteur et ton chien. »

Robert se retourna, fit face à son ami et répliqua d'un ton furieux :

« Ah, tu crois ça ! Eh bien, juste avant que tu n'arrives, j'étais en train de me dire que cette putain de guerre d'Algérie avait complètement bousillé ma vie !

— Tu veux rire, tu…

— Ah ! je veux rire… J'étais un jeune homme heureux alors, avec mon tracteur tout neuf. Je me croyais le maître du monde. Et ils sont venus me chercher pour m'emmener, là-bas ! J'ai tout quitté et, quand je suis revenu, rien n'a jamais été pareil. Je crois que depuis tout va mal.

— Est-ce que tu fais encore des cauchemars ?

— Je n'en faisais pratiquement plus, mais depuis la mort d'Armande, c'est revenu. »

Marc demanda doucement :

« Tu penses toujours à sa mort ? »

Robert haussa les épaules :

« Ça m'arrive, bien sûr, et j'ai cette terrible impression d'être responsable…

— Ne te culpabilise pas. Madeleine a repris sa vie. Elle ne fréquente plus Fauché, mais c'est pas les hommes qui lui manquent. Elle t'a jeté ses remords à la figure pour se protéger elle-même et pour te gâcher l'existence. Crois-moi, Robert, ne laisse pas ces souvenirs te tourmenter, pense à la vie et à Monique.

— C'est bien ce que je fais », répondit Robert en chargeant Cathy sur ses épaules, à la grande joie de la petite fille.

Laissant le tracteur dans le pré, ils se dirigèrent, tous les trois, vers la maison.

XXXII

Le mariage

PLUS VITE QU'IL NE L'AVAIT ESPÉRÉ, les mois avaient passé et, aujourd'hui, dans son beau costume tout neuf, c'était le jour de ses noces.

Robert avait de la peine à y croire et, pourtant, il attendait ce jour depuis près de deux ans, depuis qu'il avait vu arriver, chez lui, une deux-chevaux cahotante dans un paysage de neige.

Aujourd'hui, enfin, après bien des angoisses, des attentes, des découragements, il voyait ses efforts récompensés.

Tout à sa toilette, il n'entendit pas la porte s'ouvrir et son ami Marc pénétra dans la chambre. Il venait le chercher, car à lui revenait l'honneur de conduire les mariés. Il s'assit sans façons et examina la pièce simple mais où, suprême luxe, un radiateur trônait sous la fenêtre, répandant une douce chaleur.

« Alors, le taquina-t-il, pas encore prêt ? À croire que tu ne vas pas de gaieté de cœur te passer la corde au cou ! »

Robert se retourna et lança un coup d'œil malicieux à Marc. Dans son costume gris clair, sa chemise bleue, une cravate assortie, une fleur à la boutonnière et ses cheveux blonds bien disciplinés, Marc semblait sorti tout droit d'une gravure de modes.

« Eh bien, dis donc, riposta Robert, est-ce toi ou moi qui se marie, aujourd'hui ? Je suis loin d'être aussi élégant que toi !

— Mon cher, quand on marie son meilleur ami et que, de surcroît, on est obligé de le trimballer, on se doit de lui faire honneur ! »

— J'entends bien lui faire honneur mais non lui enlever la vedette. C'est ce que tu t'apprêtes à faire. Non ?

— Arrête ! Dis-moi plutôt, ce chauffage marche bien ? »

Il se leva et alla poser la main sur le radiateur.

« Tu as froid ? répliqua Robert. Non, n'est-ce pas ? Alors, c'est que tout marche bien.

— Dis-moi, reprit l'incorrigible bavard, c'était la condition sine qua non pour que les parents t'accordent la fille ?

— Oh ! Marc, la fille est majeure depuis quelque temps déjà !... Mais il est vrai qu'ils la couvent comme une petite fille et je me devais de lui offrir ce qu'il y a de mieux !

— Qu'as-tu encore fait dans cette maison ? »

Robert ne répondit pas. Tout en passant sa cravate, il fit signe à Marc de le suivre. Ils traversèrent le couloir et Robert ouvrit une porte découvrant à son ami son travail de toute une année. L'ancienne chambre de ses parent avait été totalement transformée : une tapisserie recouvrait les murs, une moquette le sol, le chauffage bien sûr et des meubles tout neufs arrachèrent un sifflement admiratif à Marc.

« Mais, mon vieux, tu as fait des folies ! Je ne te savais pas si riche.

— Je ne suis pas riche, hélas ! j'ai demandé un prêt. Les affaires ne vont pas trop mal et qui doit en profiter, à ton avis, si ce n'est Monique. J'ai fait tous les travaux moi-même, cela m'a permis quelques petites folies. La cuisine était presque neuve. J'y ai juste fait quelques petites améliorations et ajouté un lave-vaisselle... »

Il se tourna vers son ami et lui posa la main sur l'épaule :

« Marc, j'ai tellement souffert et attendu cet instant qu'il me semble que je rêve et que tout va s'évanouir à mon réveil.

— Non, ce n'est pas un rêve, rassure-toi, tu veux que je te pince pour t'en convaincre ? »

Ils se mirent à rire tous les deux, puis Marc redevint grave et, posant un regard sur Robert, lui dit en soupirant :

« Il m'est arrivé à moi aussi de douter de te voir heureux un jour. Je n'étais pas loin de croire que cette foutue balle qui, là-bas, m'avait traversé l'épaule et la jambe t'avait encore plus atteint que moi et t'empêchait de trouver le bonheur… Mais, finalement, d'un mal est venu un bien : c'est encore une question de guerre sans, ton accusation de terrorisme qui t'a amené à rencontrer Monique, tu serais peut être encore à attendre l'âme sœur…

— Je n'avais pas pensé à ça, répliqua Robert en riant. Mais, tu n'as pas tort : sans cette histoire, je n'aurais pas connu Monique.

— Je ne voudrais pas te presser, mais l'heure tourne, et il ne faudrait pas faire attendre la mariée !

— Ben, dis donc, s'exclama Robert à la vue de la voiture brillante et lustrée, on dirait qu'elle sort du garage ! »

Un gémissement lui répondit : Totor, son chien, comprenant qu'il ne serait pas de la fête, sortit de sa niche et s'apprêtait à sauter sur Robert.

« Non, Totor, non, ne me touche pas ! Je pars, mais je te promets que je vais revenir et que je t'amènerai une maîtresse. Va vite te coucher dans ta niche. Je reviendrai. »

Le chien fit demi-tour et, la queue basse, rentra dans sa niche tout en surveillant, d'un œil inquiet, le départ de son maître.

« Il t'obéit au doigt et à l'œil, celui-là.

— Oui. Et c'est bien le seul, soupira Robert en s'asseyant près de Marc.

— Tu te plains déjà et tu n'es pas encore marié », se moqua son ami.

À Châteauneuf, les quelques invités de la noce étaient en effervescence. Jeannine, Anne-Marie, Solange et les sœurs de Monique accrochaient des roses en papier aux voitures présentes. À part la famille et Marc, Robert n'avait invité que Louisou et Raymond. Quant à Monique, elle avait choisi de prendre Ginette, ses collègues de travail et, bien sûr, sa famille.

Le repas de noce devait avoir lieu dans la grande cuisine des parents de Monique et, déjà, les aides prévues s'affairaient autour du fourneau de la souillarde.

De bonnes odeurs de rôtis parvenaient jusque dans la cour, où attendaient les invités.

Le père de Monique jetait des regards inquiets vers sa montre en bougonnant :

« On ne sera jamais à l'heure, mais qu'est-ce qu'elle peut faire ?

— Papa, arrête de te faire du souci ! Tu as dit pareil à tous les mariages et tout s'est bien passé ! »

C'était Élise, la sœur cadette de Monique, qui se moquait gentiment de son père. Elle était mariée depuis plusieurs années et était venue de Paris pour la noce. Françoise, la plus jeune des trois, arrivait également flanquée de ses deux fils jumeaux aussi beaux que délurés et auxquels leurs deux ans donnaient toutes les audaces. Elle les tenait d'une main ferme, mais les lurons guettaient le moment d'inattention de leur mère pour prendre le large.

Malheureusement pour eux, leur père n'était jamais loin et, quand ils réussissaient à se libérer de leur mère, ils ne tardaient pas à tomber entre les mains de leur père, qui les récupérait à la première bêtise.

Enfin, la mariée apparut entre sa mère et sa marraine. Toute la noce grimpa dans les voitures, et ce fut le départ pour la mairie et l'église situées l'une en face de l'autre.

Le père de la mariée, embarrassé par son costume qui le serrait aux entournures et sa cravate qui l'étranglait, disait-il, conduisit sa fille à l'autel.

Robert entra le dernier au bras de Jeannine, sa sœur, qui remplaçait sa mère. Tous deux avaient eu un sourire ému quand Jeannine lui avait pris la manche en songeant à leur mère qui devait se réjouir de voir enfin son fils casé ! Mais la solennité de l'engagement avait vie chassé ce souvenir douloureux.

Agenouillé sur un prie-dieu bordé de velours rouge, Robert laissait la joie déborder de son cœur. Il avait un peu désappris à prier, mais, aujourd'hui, toutes les prières de son enfance revenaient à sa mémoire et il était prêt à ouvrir ses bras au monde entier.

De temps en temps, il lançait un regard à Monique, qui lui répondait par un sourire tremblant.

Comme dans un rêve, la journée s'acheva et les mariés quittèrent la fête les premiers, tandis que résonnaient les chants et que tournaient les danses.

Monique, encore fragile, partait au bras de son mari. Tous les entouraient et Marc leur cria alors qu'ils franchissaient la porte :

« On vous laisse partir, mais ne fermez pas votre porte. Attendez-vous à notre visite !

— T'en fais pas, répliqua Robert dans un sourire, la porte sera ouverte et vous pourrez vous restaurer, mais donnez-nous le temps de tout préparer. »

Des rires fusèrent et plusieurs voix lui répondirent :

« Ne vous en faites pas, vous aurez tout votre temps ! »

Ils sortirent dans la nuit glaciale. Robert laissa chauffer le moteur en tenant Monique serrée contre lui. Puis, quand une douce chaleur se fut installée, ils partirent et roulèrent quelque temps en silence.

« Comment te sens-tu ? interrogea Robert.

— Je ne me suis jamais sentie si bien.

— Un peu fatiguée, peut-être ?

— Même pas ! Il me semble que je rêve.

— Moi aussi j'ai cru que c'était un rêve… Mais, quand je tends la main et que je rencontre la tienne, je sais que ce n'est pas un rêve mais bien notre vie qui commence. »

Il posa sa main sur celle de Monique et continua à rouler doucement. Au bout de quelques minutes, il reprit :

« J'aimerais que tu me dises pourquoi tu avais douté de moi. »

Monique ne répondit pas tout de suite. Elle fixait la nuit profonde. Robert insista :

« Pourquoi, Monique ?

— Quand je pensais à toi, je te revoyais toujours assis à la table de ta cuisine et me racontant tes ennuis, mais, surtout, ce cauchemar qui te poursuivait depuis l'Algérie. Tu sais, ce rêve où tu es entouré de fellagas qui te tirent dessus… Je ne voulais pas ajouter à tes soucis les souffrances d'une mourante car, à ce moment-là, je croyais sincèrement que je n'en réchapperais pas. Tu avais gardé de mauvais souvenirs de la guerre ; la femme que tu aimais…

— Que j'avais cru aimer !

— Que tu avais cru aimer, t'avait abandonné, on te soupçonnait d'être un traître alors que tu t'étais battu avec courage, pour ton pays, tes parents étaient morts et tu avais été obligé de reprendre la ferme…

— Non, ce n'est pas tout à fait vrai. J'ai toujours aimé ce métier de paysan, mais le moment où il m'a fallu me décider n'était pas le meilleur…

— Bref, tu avais eu assez de soucis pour que je n'y ajoute pas encore celui d'une mourante.

— Petite folle !… Comme si les soucis que tu m'as donnés n'étaient pas plus terribles !

— Je sais. Je l'ai compris après, mais, sur le moment… »

Robert arrêta la voiture sur le bas-côté de la route, prit Monique dans ses bras et, en l'embrassant, lui avoua :

« Depuis que nous nous sommes revus et que j'ai compris que tu allais guérir, il ne m'est arrivé que des bonheurs ! D'abord, mes affaires se sont arrangées ; j'ai su avec certitude que c'était toi que j'aimais et, la meilleure des choses, c'est que tous mes cauchemars ont disparu… Quand je rêve, c'est de tout, sauf de l'Algérie. Je crois que mes souvenirs de là-bas ne seront plus que des souvenirs, pas des cauchemars… »

Ils s'embrassèrent longuement, puis Robert reprit le volant en disant :

« Il faut rentrer, maintenant, car cette bande de fous va arriver et rien ne sera prêt pour les recevoir ! »

Alors, dans un éclat de rire, ils reprirent la route vers la maison et vers leur avenir.

Table des matières

Achevé d'imprimer sur les presses
de l'imprimerie « La Source d'Or » - 63200 Marsat
Imprimeur n° 13093